JN098246

ライブラリ 現代の法律学＝JA13

重要判例集 刑法総論
第2版

小林 憲太郎 著

新世社

はしがき

　本書は，2015 年に上梓した『重要判例集　刑法総論』の改訂版である。改訂に際して具体的に行ったのは，新たに出された判例を加えたり，既存の判例と差し替えたりという当然に要請されるもののほか，解説全般をできるだけ分かりやすく書き直すという手間のかかる作業である。しかし，その結果，本書は私の体系書（『刑法総論〔第 2 版〕』（新世社，2020））の副読本としてだけでなく，判例ベースの独立した教科書としても用いることができるようになったと思う。

　初版に引き続き，本書の刊行に際しても，新世社の清水匡太氏に大変お世話になった。記して感謝申し上げる。

2022 年 5 月 8 日

著　　者

目　　次

はしがき …………………………………………………………………… i

【I　罪刑法定主義】
1. 刑法の解釈方法 ………………………………………………………… 1
2. 明確性の原則 …………………………………………………………… 3

【II　両 罰 規 定】
3. 両罰規定の解釈 ………………………………………………………… 5

【III　不 作 為 犯】
4. 不作為の因果関係 ……………………………………………………… 7
5. 作為義務の発生根拠——殺人罪 ……………………………………… 9
6. 作為義務の発生根拠——詐欺罪 ……………………………………… 11
7. 過失不真正不作為犯 …………………………………………………… 14

【IV　因 果 関 係】
8. 結果回避可能性 ………………………………………………………… 16
9. 行為時の特殊事情と因果関係 ………………………………………… 19
10. 第三者の故意行為の介入と因果関係 ………………………………… 22
11. 被害者を特別な危険にさらす行為と因果関係 ……………………… 24
12. 介在事情の誘発と因果関係 …………………………………………… 25
13. 行為者の行為の介在と因果関係 ……………………………………… 27

【V　違法性阻却事由・総論】
14. 可罰的違法性 …………………………………………………………… 29
15. 実質的違法性阻却 ……………………………………………………… 31

16. 自 救 行 為 ……………………………………………… 33

17. 安 楽 死 ……………………………………………………… 35

18. 治 療 中 止 ………………………………………………… 37

19. 被害者の同意の不法阻却根拠 ………………………… 40

【Ⅵ　正 当 防 衛】

20. 積極的加害意思 …………………………………………… 42

21. 急迫性の一般理論 ………………………………………… 44

22. 自 招 侵 害 ………………………………………………… 47

23. 防 衛 の 意 思 ……………………………………………… 49

24. 防衛行為の相当性 ………………………………………… 51

25. 過 剰 防 衛 ………………………………………………… 53

26. 誤 想 防 衛 ………………………………………………… 56

27. 誤想過剰防衛 ……………………………………………… 58

【Ⅶ　緊 急 避 難】

28. 現在の危難 ………………………………………………… 61

29. 自 招 危 難 ………………………………………………… 63

【Ⅷ　責 任 能 力】

30. 責任能力の標準 …………………………………………… 65

31. 責任能力の認定方法 ……………………………………… 69

32. 実行行為途中からの責任能力低下 …………………… 72

33. 過失犯と原因において自由な行為 …………………… 75

【Ⅸ　故意と違法性の意識】

34. 故意の構成要件関連性 …………………………………… 77

35. 未 必 の 故 意 ……………………………………………… 79

36. 方 法 の 錯 誤 ……………………………………………… 81

37. 抽象的事実の錯誤 ………………………………………… 84

38. 事実の錯誤と法律の錯誤の関係 ……………………………… 86

39. 違法性の意識の可能性 …………………………………………… 89

【X 過 失】

40. 結果的加重犯における加重結果の予見可能性 ………………… 91

41. 予見可能性の意義 ………………………………………………… 93

42. 客体の予見可能性 ………………………………………………… 95

43. 因果経過の予見可能性 …………………………………………… 97

44. 信頼の原則 ………………………………………………………… 99

45. 許された危険 ……………………………………………………… 102

46. 管理・監督過失——ホテル火災 ……………………………… 106

47. 管理・監督過失——列車脱線転覆事故 ……………………… 110

48. 危険の引受け ……………………………………………………… 112

49. 業務上過失致死傷罪における「業務」の意義 ………………… 116

【XI 期待可能性】

50. 期待可能性 ………………………………………………………… 118

【XII 未 遂】

51. 実行の着手——窃盗罪① ……………………………………… 120

52. 実行の着手——窃盗罪② ……………………………………… 123

53. 実行の着手——（旧）強姦罪 ………………………………… 127

54. 実行の着手——詐欺罪 ………………………………………… 130

55. 早すぎた構成要件の実現 ………………………………………… 133

56. 間接正犯における実行の着手時期 ……………………………… 136

57. 不能犯——方法の不能 ………………………………………… 139

58. 不能犯——客体の不能 ………………………………………… 141

59. 中止行為の任意性 ………………………………………………… 144

60. 中止行為の内容 …………………………………………………… 147

61. 真摯な努力 ………………………………………………………… 150

62. 予備の中止 ……………………………………………………… 152

【XⅢ　共　　犯】

63. 被害者を利用する間接正犯 …………………………………… 154

64. 刑事未成年を利用する間接正犯 ……………………………… 156

65. 共謀共同正犯――共謀の意義 ………………………………… 158

66. 共謀共同正犯――共謀の緩和 ………………………………… 160

67. 付加的共同正犯 ………………………………………………… 162

68. 共同正犯と幇助犯の区別――共同正犯とされた例 ………… 165

69. 共同正犯と幇助犯の区別――幇助犯とされた例 …………… 167

70. 過失の共同正犯 ………………………………………………… 170

71. 予備罪の共同正犯 ……………………………………………… 174

72. 承継的共犯――傷害罪 ………………………………………… 175

73. 承継的共犯――詐欺（未遂）罪 ……………………………… 178

74. 不作為による共犯 ……………………………………………… 180

75. 片面的幇助 ……………………………………………………… 183

76. 幇助の因果性 …………………………………………………… 186

77. 中立的行為による幇助 ………………………………………… 188

78. 共犯者間の違法の相対性 ……………………………………… 191

79. 共犯と錯誤 ……………………………………………………… 194

80. 身分犯の共犯――身分の意義 ………………………………… 196

81. 身分犯の共犯――二重の身分犯 ……………………………… 199

82. 身分犯の共犯――事後強盗の共犯 …………………………… 201

83. 共犯関係の解消 ………………………………………………… 203

84. 新たな共謀 ……………………………………………………… 205

85. 必要的共犯 ……………………………………………………… 208

【XⅣ　罪　　数】

86. 包括一罪と併合罪の限界 ……………………………………… 210

87. 牽連犯の限界 …………………………………………………… 212

88. 観念的競合の限界 ……………………………………………… 214

89. 不作為犯の罪数 ………………………………………………… 216

90. かすがい現象 …………………………………………………… 218

91. 共犯と罪数 ……………………………………………………… 220

事 項 索 引 ………………………………………………………… 223

判 例 索 引 ………………………………………………………… 227

著 者 紹 介 ………………………………………………………… 231

1. 刑法の解釈方法

最判平成 8・2・8 刑集 50 巻 2 号 221 頁

【事実】

　被告人は食用とする目的で，狩猟鳥獣であるマガモまたはカルガモを狙い，洋弓銃（クロスボウ）で矢を射かけた。

【判旨】

　「食用とする目的で狩猟鳥獣であるマガモ又はカルガモをねらい洋弓銃（クロスボウ）で矢を射かけた行為について，矢が外れたため鳥獣を自己の実力支配内に入れられず，かつ，殺傷するに至らなくても，鳥獣保護及狩猟ニ関スル法律 1 条の 4 第 3 項を受けた同告示 3 号リが禁止する弓矢を使用する方法による捕獲に当たるとした原判断は，正当である（最高裁昭和 52 年（あ）第 740 号同 53 年 2 月 3 日第三小法廷決定・刑集 32 巻 1 号 23 頁，最高裁昭和 54 年（あ）第 365 号同年 7 月 31 日第三小法廷決定・刑集 33 巻 5 号 494 頁参照）」。

【解説】

　本件で主として争われたのは，（狩猟鳥獣に）矢を射かけたが外れた場合でも旧鳥獣保護法 1 条の 4 第 3 項，同告示 3 号リの禁止する「捕獲」にあたるか，ということである。すなわち，「捕獲」とは，日常用語例によれば獲物を現に自身の実力支配内に入れることを意味するものと解されるが（たとえば，友人から「珍しい虫を捕獲した」といわれ，見せてくれと頼んだら「いや，実は捕まえ損なったのだ」と答えられた，というとき，われわれはその友人を嘘つきだと思うだろう），同法が「捕獲」を禁止する実質的な趣旨にかんがみれば，前記の場合にも（狩猟鳥獣を）「捕獲」したものと評価すべきではないかが問題となるのである。ここにいう「趣旨」とは，矢を射れば目的の鳥獣のみならず周辺の保護鳥獣をおどすなど，鳥獣の保護繁殖を保障するという目的を阻害するためこれを避けさせようとすることであろう。

　刑法の解釈は一般に，言葉の可能な意味の範囲内において（**文理解釈**），規制の趣旨に適合するかたちで（**目的論的解釈**）なされるべきものとされる。そして，もし前記範囲を超えた場合には**類推解釈**とよばれ，国民の予測可能性を害したり，実質的に見て裁判所による立法となったりすることから，**罪刑法定主義**により禁止されることになる。他方，本件ではまさに，「捕獲」に「捕獲

しようとすること」を含めるのがこの類推解釈にあたるのではないか，が問われている。

　これについては学説でも賛否両論が存在したが，旧鳥獣保護法は平成14年に全面改正され，「捕獲」に未遂犯処罰規定が設けられた。このことから，今日では，「捕獲」に「捕獲しようとすること」を含めるのは，条文の構造自体により不可能もしくは著しく困難になっている。

2. 明確性の原則

最大判昭和 60・10・23 刑集 39 巻 6 号 413 頁＝福岡県青少年保護育成条例事件

【事実】

　被告人は，Aが 18 歳に満たない青少年であることを知りながら，ホテルの客室においてAと性交した。被告人は，18 歳未満の青少年に対する「淫行」を禁止処罰する，福岡県青少年保護育成条例 10 条 1 項，16 条 1 項により起訴された。

【判旨】

　「本件各規定の趣旨及びその文理等に徴すると，本条例〔福岡県青少年保護育成条例〕10 条 1 項の規定にいう『淫行』とは，広く青少年に対する性行為一般をいうものと解すべきではなく，青少年を誘惑し，威迫し，欺罔し又は困惑させる等その心身の未成熟に乗じた不当な手段により行う性交又は性交類似行為のほか，青少年を単に自己の性的欲望を満足させるための対象として扱つているとしか認められないような性交又は性交類似行為をいうものと解するのが相当である。……このような解釈は通常の判断能力を有する一般人の理解にも適うものであり，『淫行』の意義を右のように解釈するときは，同規定につき処罰の範囲が不当に広過ぎるとも不明確であるともいえないから，本件各規定が憲法 31 条の規定に違反するものとはいえ」ない。

【解説】

　法はその一般的な内在的要請において明確なものでなければならないが，とりわけ，一定の不法を実現することに対して害悪の付加を予告することで，そのような不法の実現を避けさせる制裁という法形式，中でも，最も峻厳な害悪を付加することとなる刑罰（刑事制裁）においては，そのような不法の内容がとくに明確に規定されていなければならないとされている。これを明確性の原則とよび，罪刑法定主義の内容のひとつとして，憲法 31 条に定める実体的デュープロセスに含まれるものとされる。

　問題は，この明確性の原則が刑罰法規に対し，具体的にどの程度の明確性を要求しているかである。理論的には，（刑罰という）害悪の付加を予告される対象である一般市民が，自身のふるまいが禁止される不法に含まれるか否かを判

断しうる程度に明確でなければならない，ということになろう。この点について判例（最大判昭和50・9・10刑集29巻8号489頁＝徳島市公安条例事件）は，「ある刑罰法規があいまい不明確のゆえに憲法31条に違反するものと認めるべきかどうかは，通常の判断能力を有する一般人の理解において，具体的場合に当該行為がその適用を受けるものかどうかの判断を可能ならしめるような基準が読みとれるかどうかによつてこれを決定すべきである」と述べる。

　本判例が示した「淫行」の解釈のうち，後者，すなわち，「青少年を単に自己の性的欲望を満足させるための対象として扱つているとしか認められないような性交又は性交類似行為」が法と道徳を混交するものではないかとの疑問は措くとしても（交際の正しい形態を裁判官が勝手に決め，これを被告人に押しつけることとなりかねない），そのような解釈が一般市民にも可能というのは強弁ではなかろうか。そして，明確性の原則との抵触を避けるために性行為一般を禁止しようとすれば，今度は規制の範囲が過度に広汎なものとなり別の憲法問題が生じうることになる。いいかえると，憲法問題を回避しようとすれば，明確性の原則と過度の広汎性の禁止という相克する要請をともにみたさなければならないのである。

3. 両罰規定の解釈

最判昭和40・3・26刑集19巻2号83頁

【事実】

　貿易業を営む居住者である被告会社6社が各被告会社の業務に関し，法定の除外事由がないのに，非居住者のためにする居住者に対する支払いないし支払いの受領をなすなどした。

【判旨】

　「事業主が人である場合の両罰規定については，その代理人，使用人その他の従業者の違反行為に対し，事業主に右行為者らの選任，監督その他違反行為を防止するために必要な注意を尽さなかつた過失の存在を推定したものであつて，事業主において右に関する注意を尽したことの証明がなされない限り，事業主もまた刑責を免れ得ないとする法意と解するを相当とする」。

【解説】

　行為者自身に加え，事業主（業務主）をも処罰する規定を**両罰規定**とよぶ。そして，わが国において法人は，そこにいう事業主に法人が含まれる限りで処罰されている。いいかえれば，両罰規定は**事業主処罰**と**法人処罰**という2つの意味において，可罰範囲を拡張していることになる。

　問題はこのような両罰規定の趣旨ないし理論的な構造であるが，それは一般に事業主の行為者に対する**選任・監督**に関する過失責任ととらえられ，しかも，本判例によればその**過失**が**推定**されるという。もっとも，このような解釈に対しては次の2点が批判として投げかけられている。

　第1に，犯罪の中核的な実体要件である過失について，その存在を推定するのは違憲であると批判される。いかなる場合に犯罪要素に関する推定規定をおくことが許されるかには議論もあるが，たしかに，一律に過失を推定するというのは違憲の疑いがあろう。

　第2に，事業主が法人である場合，そのふるまいが法人のそれと同一視されるような自然人（これを同一視主体という）が行為者であれば，法人は選任・監督責任ではなく本来的な犯罪責任を負うことになり，そうすると刑のアンバランスが生じると批判される。本来的な犯罪責任を負うときには，刑はもっと重くてしかるべきだからである。この批判もそのとおりであり，立法論的には法

人処罰と事業主処罰を分けて規定すべきであろう。

4. 不作為の因果関係

最決平成元・12・15 刑集 43 巻 13 号 879 頁

【事実】

　覚醒剤の常用者である被告人が，自己が多量に覚醒剤を注射使用したことが直接の原因となって，当時 13 歳の少女が倒れたまま動けなくなるなどの状態に陥ったにもかかわらず，同女を放置したまま立ち去ったのち，同女が死亡した。

【決定要旨】

　「原判決の認定によれば，被害者の女性が被告人らによって注射された覚せい剤により錯乱状態に陥った午前零時半ころの時点において，直ちに被告人が救急医療を要請していれば，同女が年若く（当時 13 年），生命力が旺盛で，特段の疾病がなかったことなどから，十中八九同女の救命が可能であったというのである。そうすると，同女の救命は合理的な疑いを超える程度に確実であったと認められるから，被告人がこのような措置をとることなく漫然同女をホテル客室に放置した行為と午前 2 時 15 分ころから午前 4 時ころまでの間に同女が同室で覚せい剤による急性心不全のため死亡した結果との間には，刑法上の因果関係があると認めるのが相当である」。

【解説】

　刑法上の因果関係をどのようにとらえるかに関しては諸説あるが，有力な見解は，それが**条件関係**（結果回避可能性）と**相当因果関係**（危険の現実化）の 2 つから構成されるものと解している。本件で問題となったのは，このうち 1 つ目のほうである。

　学説ではしばしば，（消極的条件である）**不作為**にも因果関係を観念することができるかが議論される。しかし，不作為の因果関係というのは，つまるところ，因果関係の判断公式の前件に代入される要素が「A する」から「B しない」という記述に変更されるだけのことである。また現実的に見ても，もし不作為に因果関係を観念しえないとすれば，作為犯と同一の構成要件を充足すべき**不真正不作為犯**は処罰しえないことになるが，そのような帰結が不当であることは明らかであろう。

　さらに，たとえ不作為に因果関係を観念しうるとしても，その内容はいきお

い仮定的な判断となるから，作為の場合とは異なって解さざるをえない，というものもある。その意味するところは必ずしも明らかではないが，おそらく「○○していたら法益は助かったか」という救助的因果の判断が，往々にして自然科学的に厳密にはなしえないということであろう。しかし，それもまた不作為の因果関係を特徴づけるものではない。というのも，作為犯である**救助的因果の断絶**——たとえば，被害者を救命するため119番通報しようとする第三者を行為者が羽交い絞めにして被害者を死亡させる場合——についてもまったく同じことがいえるからである。

　こうして不作為の因果関係は，作為のそれとまったく同じ意味において観念しうるものと解すべきである。本判例も同様の立場を採用するものと理解しえよう。学説には，本判例が「十中八九」という表現を用いていることをとらえ，作為の因果関係より緩やかだと指摘するものもある。しかし，この箇所は鑑定の言い回しを引用したものにすぎないし，すぐに続けて「そうすると，同女の救命は合理的な疑いを超える程度に確実であったと認められる」といいかえられているのであるから，そのような指摘は的を失しているように思われる。

　ただし，一部の学説が指摘するように，たとえ不作為の因果関係が作為とまったく同じ意味において観念されうるとしても，その因果関係が結びつけられる対象である**結果**については一定の差が設けられてしかるべきであろう。すなわち，作為においては，たとえば，一分一秒の生命の短縮でも人を死に至らしめる罪の構成要件該当性を肯定するに十分かもしれないが，不作為においては，救命救急措置を講じれば同程度の時間，延命が可能であったというだけで，ただちに構成要件該当性を肯定すべきではないと思われる（なお，延命が確実というだけで保護責任者不保護と致死との間の因果関係を肯定したものとして，福岡高宮崎支判平成14・12・19判タ1185号338頁，最判平成26・3・20刑集68巻3号499頁などを参照）。作為の強制は往々にして行為者に大きな負担を課するものであり，そうだとすれば救命や相当期間の延命が可能である場合に限定すべきだからである。

5. 作為義務の発生根拠——殺人罪

最決平成 17・7・4 刑集 59 巻 6 号 403 頁＝シャクティパット事件

【事実】

「シャクティ治療」を施す特別の能力をもつなどとして信奉者を集めていた被告人が，A に対する治療を B からゆだねられ，A がそのままでは死亡する危険があることを認識したが，シャクティ治療を施すにとどまり，A の生命維持のために必要な医療措置を受けさせないまま約 1 日の間放置し，痰による気道閉塞に基づく窒息により A を死亡させた。

【決定要旨】

「被告人は，自己の責めに帰すべき事由により患者の生命に具体的な危険を生じさせた上，患者が運び込まれたホテルにおいて，被告人を信奉する患者の親族から，重篤な患者に対する手当てを全面的にゆだねられた立場にあったものと認められる。その際，被告人は，患者の重篤な状態を認識し，これを自らが救命できるとする根拠はなかったのであるから，直ちに患者の生命を維持するために必要な医療措置を受けさせる義務を負っていたものというべきである。それにもかかわらず，未必的な殺意をもって，上記医療措置を受けさせないまま放置して患者を死亡させた被告人には，不作為による殺人罪が成立し，殺意のない患者の親族との間では保護責任者遺棄致死罪の限度で共同正犯となると解するのが相当である」。

【解説】

通説は，（不真正）**不作為犯**を作為犯と同一の構成要件によって処罰するために**作為義務**が要求されるという。すなわち，たとえば，幼児をナイフで刺して失血死させる作為も，食事を与えずに餓死させる不作為も，同じく幼児の死亡を因果的に引き起こしたものとはいえる。しかし，不作為の（殺人罪による）処罰は行為者に他人を保護すべく積極的に介入するよう命ずることとなるから，作為のそれと同じようにはいかず，行為者が幼児の生命を積極的に保護すべき特別な義務（作為義務）を負っている場合に限って認められる。このようにいうのである。そして，このような作為義務の主体を**保障人**とよぶ。いいかえれば，保障人の不作為だけが作為犯と同一の構成要件を充足しうることになる（保障人説）。

　学説では，このような作為義務ないし保障人としての立場（保障人的地位）がどのような場合に生じうるかに関して大きな争いがある。この問題につき本判例は，法益に対する自己の責めに帰すべき**危険の創出**と，法益の維持が自己に全面的に依存させられていたこと，の2点をもって被告人の作為義務を肯定した。このうち，1つ目の点については相当の説得力がある。行為者に対し，他人を危険から救うべく積極的に介入することを義務づけるためには，その危険が行為者自身の作り出したものであることが必要である，というのは見やすい道理だからである。

　これに対し，2つ目の点は講学上，**排他的支配**とよばれるものであるが，行為者が危険の実現過程を支配しうる立場にあることが，前記のような義務づけを導き出す論理は必ずしも明らかではない。たとえば，人の多い広場にある井戸からかすかに声が聞こえたため，被害者がそこに落ち込んでおり，放置すれば餓死しかねないことをただひとり知ることとなったとしても，だからといって被害者の救助を義務づけるべきだということにはならないはずである。むしろ，排他的支配は作為義務があることを前提に，不作為が危険の実現過程において「主役」としての機能を果たしたこと，すなわち，**正犯性**を基礎づけるものと解するのが妥当であろう。そして，本件において排他的支配が作為義務を基礎づけうるように感じられるのは，被告人が周囲をだまして被害者をいわば囲い込んだという意味において，排他的支配の設定が同時に危険創出と評価されうるからにほかならない。

　なお，本判例は**部分的犯罪共同説**との関連でも重要な判断を示しているが，これについては判例 79 を参照されたい。

6. 作為義務の発生根拠——詐欺罪

最決平成 15・3・12 刑集 57 巻 3 号 322 頁＝誤振込事件

【決定要旨】

「1　原判決及び原判決が是認する第 1 審判決によれば，以下の事実が認められる。

(1)　税理士である A は，被告人を含む顧問先からの税理士顧問料等の取立てを，集金事務代行業者である B 株式会社に委託していた。

(2)　同社は，上記顧問先の預金口座から自動引き落としの方法で顧問料等を集金した上，これを一括して A が指定した預金口座に振込送金していたが，A の妻が上記振込送金先を株式会社泉州銀行金剛支店の被告人名義の普通預金口座に変更する旨の届出を誤ってしたため，上記 B 株式会社では，これに基づき，平成 7 年 4 月 21 日，集金した顧問料等合計 75 万 0031 円を同口座に振り込んだ。

(3)　被告人は，通帳の記載から，入金される予定のない上記 B 株式会社からの誤った振込みがあったことを知ったが，これを自己の借金の返済に充てようと考え，同月 25 日，上記支店において，窓口係員に対し，誤った振込みがあった旨を告げることなく，その時点で残高が 92 万円余りとなっていた預金のうち 88 万円の払戻しを請求し，同係員から即時に現金 88 万円の交付を受けた。

2　本件において，振込依頼人と受取人である被告人との間に振込みの原因となる法律関係は存在しないが，このような振込みであっても，受取人である被告人と振込先の銀行との間に振込金額相当の普通預金契約が成立し，被告人は，銀行に対し，上記金額相当の普通預金債権を取得する（最高裁平成 4 年（オ）第 413 号同 8 年 4 月 26 日第二小法廷判決・民集 50 巻 5 号 1267 頁参照）。

　　しかし他方，記録によれば，銀行実務では，振込先の口座を誤って振込依頼をした振込依頼人からの申出があれば，受取人の預金口座への入金処理が完了している場合であっても，受取人の承諾を得て振込依頼前の状態に戻す，組戻しという手続が執られている。また，受取人から誤った振込みがある旨の指摘があった場合にも，自行の入金処理に誤りがなかったかどうかを確認する一方，振込依頼先の銀行及び同銀行を通じて振込依頼人に対し，当該振込みの過誤の有無に関する照会を行うなどの措置が講じられている。

　これらの措置は，普通預金規定，振込規定等の趣旨に沿った取扱いであり，安全な振込送金制度を維持するために有益なものである上，銀行が振込依頼人と受取人との紛争に巻き込まれないためにも必要なものということができる。また，振込依頼人，受取人等関係者間での無用な紛争の発生を防止するという観点から，社会的にも有意義なものである。したがって，銀行にとって，払戻請求を受けた預金が誤った振込みによるものか否かは，直ちにその支払に応ずるか否かを決する上で重要な事柄であるといわなければならない。これを受取人の立場から見れば，受取人においても，銀行との間で普通預金取引契約に基づき継続的な預金取引を行っている者として，自己の口座に誤った振込みがあることを知った場合には，銀行に上記の措置を講じさせるため，誤った振込みがあった旨を銀行に告知すべき信義則上の義務があると解される。社会生活上の条理からしても，誤った振込みについては，受取人において，これを振込依頼人等に返還しなければならず，誤った振込金額相当分を最終的に自己のものとすべき実質的な権利はないのであるから，上記の告知義務があることは当然というべきである。そうすると，誤った振込みがあることを知った受取人が，その情を秘して預金の払戻しを請求することは，詐欺罪の欺罔行為に当たり，また，誤った振込みの有無に関する錯誤は同罪の錯誤に当たるというべきであるから，錯誤に陥った銀行窓口係員から受取人が預金の払戻しを受けた場合には，詐欺罪が成立する。

　前記の事実関係によれば，被告人は，自己の預金口座に誤った振込みがあったことを知りながら，これを銀行窓口係員に告げることなく預金の払戻しを請求し，同係員から，直ちに現金の交付を受けたことが認められるのであるから，被告人に詐欺罪が成立することは明らかであり，これと同旨の見解の下に詐欺罪の成立を認めた原判決の判断は，正当である」。

【解説】

　本件には多数の重要な論点が含まれているが，そのひとつが不作為による詐欺である。すなわち，本判例は，被告人が誤振込である旨を秘して預金の払戻しを請求することが，真実を告知する義務に違反した不作為による欺罔にあたるとしたうえで，その**告知義務の発生根拠**をあげているのである。そして，このような判断はさらに次のとおり分節できる。

　第1に，学説・実務上，挙動による欺罔（推断的欺罔）という観念が承認されているが，本件はそれにあたらないとされていることになる。この挙動による欺罔とは，たとえば，持ち金がないのにラーメン屋で「ラーメン1つ！」と店主に注文するような場合であり，爾後の代金の支払意思が暗黙のうちに表示されているとして，そもそも作為による欺罔と評価しうるものとされる。他方，本件においては，告知義務が払戻請求を基礎づける法律関係とは独立の事情から基礎づけられているため，前述のような暗黙の意思表示を認めにくかったのであろう。

　第2に，告知義務の発生根拠として，信義則や社会生活上の条理が堂々と掲げられている。もっとも，これらはあまりにも漠然としており，そもそも法律上の義務をただちには基礎づけえないばかりか，この点を措くとしても，そのような義務の違反が作為により積極的に人をだますことと同一の不法を構成するとはいいがたいであろう。

　第3に，そもそも不作為による欺罔を認定する大前提として，相手方の錯誤を解消しないという意味における告知義務違反がありさえすればよい，と解されているようである。もっとも，そのように解すると，たとえば，時計屋が修理を依頼された壊れた時計をそのままにしておいたというだけで，器物の効用を回復させる義務に違反したとして器物損壊罪が成立することとなりかねず，妥当でない。不作為による欺罔を認めるためには，告知義務違反により相手方の錯誤がさらに強まったなど，もう少し積極的な事情を要求すべきであろう。

7. 過失不真正不作為犯

最決平成 28・5・25 刑集 70 巻 5 号 117 頁＝温泉施設爆発事故事件

【事実】

　市街地の温泉施設から漏出したメタンガスが爆発して温泉施設の従業員 3 名が死亡し，2 名が負傷し，温泉施設付近路上の通行人 1 名が負傷した事故で，同施設の設計・施工を行った建設会社の設計担当者である被告人が業務上過失致死傷罪で起訴された。

【決定要旨】

　「本件は……ガス抜き配管内での結露水の滞留によるメタンガスの漏出に起因する温泉施設の爆発事故であるところ，被告人は，その建設工事を請け負った本件建設会社におけるガス抜き配管設備を含む温泉一次処理施設の設計担当者として，職掌上，同施設の保守管理に関わる設計上の留意事項を施工部門に対して伝達すべき立場にあり，自ら，ガス抜き配管に取り付けられた水抜きバルブの開閉状態について指示を変更し，メタンガスの爆発という危険の発生を防止するために安全管理上重要な意義を有する各ガス抜き配管からの結露水の水抜き作業という新たな管理事項を生じさせた。そして，水抜きバルブに係る指示変更とそれに伴う水抜き作業の意義や必要性について，施工部門に対して的確かつ容易に伝達することができ，それによって上記爆発の危険の発生を回避することができたものであるから，被告人は，水抜き作業の意義や必要性等に関する情報を，本件建設会社の施工担当者を通じ，あるいは自ら直接，本件不動産会社の担当者に対して確実に説明し，メタンガスの爆発事故が発生することを防止すべき業務上の注意義務を負う立場にあったというべきである。

　本件においては，この伝達を怠ったことによってメタンガスの爆発事故が発生することを予見できたということもできるから，この注意義務を怠った点について，被告人の過失を認めることができる。

　なお，所論は，設計担当者である被告人は，施工担当者から本件不動産会社に対して水抜き作業の必要性について適切に説明されることを信頼することが許される旨主張する。しかし，被告人は，本件建設会社の施工担当者に対して，結露水排出の意義等に関する記載のない本件スケッチを送付したにとどまり，その後も水抜きバルブに係る指示変更とそれに伴う水抜き作業の意義や必要性

に関して十分な情報を伝達していなかったのであるから，施工担当者の適切な行動により本件不動産会社に対して水抜き作業に関する情報が的確に伝達されると信頼する基礎が欠けていたことは明らかである。

　したがって，被告人に本件爆発事故について過失があるとして，業務上過失致死傷罪の成立を認めた第1審判決を是認した原判決は，正当である」。

【解説】

　不真正不作為犯は通常，故意犯を想定して議論されているが，厳密に考えると，過失犯においても同様に問題となりうる。もっとも，実務的には，**過失不真正不作為犯**における**作為義務**が，その違反が過失犯を基礎づける**注意義務**（結果回避義務）に統合されてしまっているため，そのことがやや見えにくくなっている。本件においても，水抜き作業の情報を不動産会社の担当者に説明する業務上の注意義務というのは，実質的に見れば作為義務の一にほかならない。

　ただし，たとえ実務的には作為義務が明示的に主題化されていないとしても，実際には，作為義務を基礎づけるべき事情が丁寧に検討されていることがほとんどである。本判例も同様であり，被告人の職掌上の立場や，みずから，危険の発生を防止するための新たな管理事項を生じさせたことを具体的に指摘している。これらは，かりに被告人が故意を有していたとしても同じく考慮されるべき事情といえよう。

　なお，本判例と同じく，過失不真正不作為犯に関する代表的な判例のひとつとされる最決平成24・2・8刑集66巻4号200頁＝三菱リコール隠し事件は，「被告人両名に課される注意義務は……あくまで強度不足に起因するDハブの輪切り破損事故が更に発生することを防止すべき業務上の注意義務である。Dハブに強度不足があったとはいえず，本件瀬谷事故がDハブの強度不足に起因するとは認められないというのであれば，本件瀬谷事故は，被告人両名の上記義務違反に基づく危険が現実化したものとはいえないから，被告人両名の上記義務違反と本件瀬谷事故との間の因果関係を認めることはできない」と判示している。注意義務＝作為義務の履行による**結果回避可能性**を認定しつつ，なお**危険の現実化**を否定しているのは，そもそも被告人両名に対し，みずからが（許される程度を超えて）創出した危険の現実化を妨げることしか義務づけられないからであろう。

8. 結果回避可能性

最判平成 15・1・24 判時 1806 号 157 頁

【事実】

　被告人が業務としてタクシーである普通乗用自動車を運転し，交差点を直進するにあたり，左方道路より進行してきた A 運転の普通乗用自動車に自車を衝突させて，同乗の B をして脳挫傷等により死亡させ，同乗の C に傷害を負わせた。

【判旨】

　破棄自判，無罪。

　「左右の見通しが利かない交差点に進入するに当たり，何ら徐行することなく，時速約 30 ないし 40 km の速度で進行を続けた被告人の行為は，道路交通法 42 条 1 号所定の徐行義務を怠ったものといわざるを得ず，また，業務上過失致死傷罪の観点からも危険な走行であったとみられるのであって，取り分けタクシーの運転手として乗客の安全を確保すべき立場にある被告人が，上記のような態様で走行した点は，それ自体，非難に値するといわなければならない。

　しかしながら，他方，本件は，被告人車の左後側部に A 車の前部が突っ込む形で衝突した事故であり，本件事故の発生については，A 車の特異な走行状況に留意する必要がある。すなわち，1，2 審判決の認定及び記録によると，A は，酒気を帯び，指定最高速度である時速 30 km を大幅に超える時速約 70 km で，足元に落とした携帯電話を拾うため前方を注視せずに走行し，対面信号機が赤色灯火の点滅を表示しているにもかかわらず，そのまま交差点に進入してきたことが認められるのである。このような A 車の走行状況にかんがみると，被告人において，本件事故を回避することが可能であったか否かについては，慎重な検討が必要である。……被告人が時速 10 ないし 15 km に減速して交差点内に進入していたとしても，上記の急制動の措置を講ずるまでの時間を考えると，被告人車が衝突地点の手前で停止することができ，衝突を回避することができたものと断定することは，困難であるといわざるを得ない。そして，他に特段の証拠がない本件においては，被告人車が本件交差点手前で時速 10 ないし 15 km に減速して交差道路の安全を確認していれば，A 車との衝突を回避することが可能であったという事実については，合理的な疑いを容れる余地

があるというべきである」。

【解説】

　通説は過失（結果）犯の成立要件として**結果回避可能性**を要求している。すなわち，たとえ因果関係も結果の予見可能性も認められたとしても，一定の注意義務を守っても結果が回避しえない場合には過失犯が成立しない，と解されているのである。たとえば，耐震偽装を施した危険なマンションを建築したところ，大地震が発生してマンションが倒壊し住民が死亡したが，地震の規模に照らし，かりに耐震基準をきちんと守っていたとしても同様の倒壊，死亡は免れなかったであろう，という場合には，建築士である被告人に業務上過失致死罪（211条前段）は成立しないことになる。

　もっとも，このようにいうだけでは次の2つの問題が未解決のまま残される。

　第1に，なぜそのような結果回避可能性が必要であるのかが不明である。これについては学説でもそれほど議論はなされていないが，耐震基準を守ってなお残される地震による倒壊リスクは，法が——安価かつ迅速なマンション建築という有用性との衡量において——やむをえないとして甘受したものにほかならないから，そのようなリスクが現実化した事態と実際に被告人が引き起こした事態との間に有意な差がない以上，当該事態は被告人に帰属可能な結果無価値とは評価しえない，などと説明することも可能であろう。要は，法益侵害とは法益を法が想定しているより悪い状態においたときにはじめて認められる，ということになる。そして，そうであるとすれば，有力な学説がいうように，結果回避可能性は過失犯のみならず故意犯においても必要とされることになろう。

　第2に，本件において認められる被告人の徐行義務を，前記耐震基準などとただちに同視してよいかには疑問がある。というのも，たまたまA車の動向を知った第三者は，徐行義務を守った被告人の交差点進入さえ適法に阻止する余地を与えられるべきであるのに対し，耐震基準を守ったマンション建築を適法に阻止する余地はおよそ与えられるべきでないからである。このことを理論的に表現し直せば，徐行義務を守った交差点進入は依然として不法であり，ただ責任が欠ける余地があるにとどまるのに対し，耐震基準を守ったマンション建築はそもそも不法を欠く，ということになる。そして，このことと第1で述

べたことをあわせ考えれば，結果回避可能性の欠如が過失犯（ひいては故意犯）の成立を阻却しうるのは，あくまで後者の場合に限られよう。したがって，責任が問題なく肯定されうる場合，たとえば，本件で被告人がもっと高速度で走行していたような場合においては，たとえ徐行しても本件衝突が回避しえなかったとしても，なお業務上過失致死傷罪（現在では過失運転致死傷罪〔自動車運転死傷行為処罰法 5 条〕）が成立しうることになる。

　なお，本件においては信頼の原則も問題となりうるが（類似の事案で信頼の原則により無罪とされた判例として，最判昭和 48・5・22 刑集 27 巻 5 号 1077 頁を参照），これについては判例 44 を参照されたい。

9. 行為時の特殊事情と因果関係

最判昭和 46・6・17 刑集 25 巻 4 号 567 頁＝布団蒸し事件

【事実】

　被告人が金員に窮し，前家主の妻 A に対し，支払済みの賃料の返還を要求して拒絶されるや，強いてでも金員を差し出させようと決意し，A をあおむけに倒して左手で頸部を絞めつけ，右手で口部を押さえ，さらに，その顔面を夏布団でおおい，鼻口部を圧迫するなどして同女の反抗を抑圧したうえ，同女所有の現金等を強取し，その際，前記暴行により同女を死に至らしめた。なお，本件暴行と被害者の重篤な心臓疾患という特殊事情が相まって，致死の結果を生ぜしめたものと認められる。

【判旨】

　「致死の原因たる暴行は，必ずしもそれが死亡の唯一の原因または直接の原因であることを要するものではなく，たまたま被害者の身体に高度の病変があつたため，これとあいまつて死亡の結果を生じた場合であつても，右暴行による致死の罪の成立を妨げないと解すべきことは所論引用の当裁判所判例（昭和 22 年（れ）第 22 号同年 11 月 14 日第三小法廷判決，刑集 1 巻 6 頁。昭和 24 年（れ）第 2831 号同 25 年 3 月 31 日第二小法廷判決，刑集 4 巻 3 号 469 頁。昭和 31 年（あ）第 2778 号同 32 年 3 月 14 日第一小法廷決定，刑集 11 巻 3 号 1075 頁。昭和 35 年（あ）第 2042 号同 36 年 11 月 21 日第三小法廷決定，刑集 15 巻 10 号 1731 頁。）の示すところであるから，たとい，原判示のように，被告人の本件暴行が，被害者の重篤な心臓疾患という特殊の事情さえなかつたならば致死の結果を生じなかつたであろうと認められ，しかも，被告人が行為当時その特殊事情のあることを知らず，また，致死の結果を予見することもできなかつたものとしても，その暴行がその特殊事情とあいまつて致死の結果を生ぜしめたものと認められる以上，その暴行と致死の結果との間に因果関係を認める余地があるといわなければならない」。

【解説】

　行為時に被害者の素因をはじめとする特殊な事情が存在し，そのせいで結果が生じたものと認められる場合，行為者がそのような事情を知らず（かつ，知りえず），また，一般人もこれを知りえないという事実が当該行為と当該結果

との間の因果関係を阻却するか。この問題に関し，本判例は因果関係を肯定している。有力説である**客観的相当因果関係説**も同様であり，その背景には，因果関係は科学的，間主観的なものであり，それを観察する者の主観的な事情によってあったりなかったりするのは不自然だ，という発想がある。

　もっとも，これに対し，同じく有力説である**折衷的相当因果関係説**は因果関係を否定してきた。その実践的な目的は大きく分けて2つある。

　第1は結果的加重犯であり，かりに加重結果につき予見可能性を要求しなければその成立範囲が拡張しすぎるから，せめて同説によってこれを制限しようとする。しかし，**責任主義**の観点からすれば加重結果につき予見可能性を要求するほうが筋であり，そこを枉げたうえで弥縫策を考えるのは方法論的に正しくない。

　第2は錯誤論，たとえば，方法の錯誤や因果関係の錯誤であり，とくに，**抽象的法定符合説**を採用した場合に生じうる可罰範囲の過度の拡張を折衷的相当因果関係説によって抑えようとする。たしかに，Xが屋内で殺意をもってBに向け発砲したところ，弾がそれて天井に命中したが，天井裏にいた泥棒Aがそのせいで死亡したような場合，XにAに対する殺人罪（199条）を成立させるべきではない。しかし，それは故意が欠けることによるのであり，そもそも抽象的法定符合説が妥当でないと思われる。また，Yが殺意をもってCの額を狙い発砲したものの，弾がそれ腕に小さな傷を負わせるにとどまったが，実はCは隠れた血友病罹患者であったため，血が止まらず失血死したような場合には，たしかに，たとえ具体的法定符合説を採用しようとも，因果関係を否定しない限り，YにCに対する殺人罪が成立しうる。しかし，むしろそのような結論のほうが妥当ではなかろうか。

　なお，折衷的相当因果関係説の中には，被害者の素因に関してのみ例外的に因果関係を肯定するものもある。それはバリアフリーの発想，すなわち，特殊な素因をもつ脆弱な人々に対する保護が弱まり，彼／彼女らの行動が不当に制約されてしまうのを避けようとする配慮に根差している。しかし，行為者の被害者に対する損害賠償額が増加するというのであればともかく，行為者の刑が重くなることがどれほど被害者の行動の自由の拡張に資するかは疑わしい。またこの点を措くとしても，因果関係のハードルを下げたところで責任のハード

ルが高いままであれば，そもそも行為者の刑が重くなる程度もわずかなものに
とどまるであろう。

　近年においては，判断基底を限定したうえ，それをもとにして，実際に発生
した種類の結果が生活経験に照らしても通常のものと評価しうるかを問う，と
いう相当因果関係説の判断構造自体に批判が向けられ，新たに危険の現実化と
いう基準が有力化している。そして，それにともなって，これまで述べてきた，
判断基底の限定方法に関する相当因果関係説内部の対立もまた学説の主戦場か
ら外れつつあるのが実情である。しかし，行為時に特殊な事情が存在する事例
類型においては，そもそも創出された危険を特定する際，そのような特殊事情
を考慮すべきであるかが争点化しうる。したがって，かりに危険の現実化とい
う判断基準を用いるとしても，なお前記対立が実質的にはそのままのかたちで
残されることになる。この点はしばしば見落とされているので，十分な注意を
払うことが必要であろう。

10. 第三者の故意行為の介入と因果関係

最決平成2・11・20刑集44巻8号837頁＝大阪南港事件

【事実】

　被告人は昭和56年1月15日午後8時ころから午後9時ころまでの間，自己の営む三重県阿山郡……所在の飯場において，洗面器の底や皮バンドで本件被害者の頭部等を多数回殴打するなどの暴行を加えた結果，恐怖心による心理的圧迫等によって被害者の血圧を上昇させ，内因性高血圧性橋脳出血を発生させて意識消失状態に陥らせたのち，同人を大阪市住之江区南港所在の建材会社の資材置場まで自動車で運搬し，同日午後10時40分ころ同所に放置して立ち去ったところ，被害者は翌16日未明，内因性高血圧性橋脳出血により死亡するに至った。ところで，前記の資材置場においてうつ伏せの状態で倒れていた被害者は，その生存中，何者かによって角材でその頭頂部を数回殴打されているが，その暴行はすでに発生していた内因性高血圧性橋脳出血を拡大させ，幾分か死期を早める影響を与えるものであった。

【決定要旨】

　「犯人の暴行により被害者の死因となった傷害が形成された場合には，仮にその後第三者により加えられた暴行によって死期が早められたとしても，犯人の暴行と被害者の死亡との間の因果関係を肯定することができ，本件において傷害致死罪の成立を認めた原判断は，正当である」。

【解説】

　本判例は，相当因果関係説の危機を直接的にもたらしたものとしてよく知られている。もともと相当因果関係説は，①一定の基準に基づいて判断基底（判断の資料）を画定したうえで，②その判断基底をもとに，当該具体的結果の発生することがどのくらいありえたかを問い，それが完全に日常生活経験の外にあるときは因果関係を否定する，という判断プロセスを有している。しかし，本判例をきっかけに，①および②のいずれについても激しい批判がなされているのである。

　まず①についてであるが，このような判断プロセスは，すでに行為時において特殊な事情が存在する場合にはよく機能しうるけれども，本件のように，行為後にはじめて異常な事情が介在した場合には深刻な矛盾に陥る。すなわち，

因果関係を阻却すべき異常な事情がはじめから判断基底から外されることで，むしろ因果関係が肯定されてしまいかねない，というのである。次に②についても，純粋な経験的判断により因果関係の存否を決するときは，「まさにこの行為のしわざである」という規範的な帰責の側面が覆い隠されてしまう，と批判されている。そして，これを受けて学説では，相当因果関係説を捨て去り，**危険の現実化**という判断枠組みを採用しようとする動きが強まっている。

　たしかに，①および②のいずれについても，前記の批判には相応の説得力があると思われる。もっとも，①に関していえば，行為時の特殊事情につき相当因果関係説的な発想を維持することには，なお重要な意味が残されている。さらに，②に関しても，規範的な帰責の判断が重要であるというのはそのとおりであろう。しかし，だからといって，危険が現実化したかを判断せよというだけでは，そこにいう規範的な帰責の実質的な中身が何ら明らかにされていない。今後は，必要に応じて事例を類型化するなどして，その実質的な内容を具体化していくことが強く望まれよう。たとえば，本件でいうと，行為者が直接，物理的な危険を被害者に対して設定し，それがそのまま拡大して結果に至っている場合には，たとえその間に異常な事情が介在したとしても，なお因果関係は否定されない，というように（これに対し，直接的な死因がむしろ異常な介在事情により引き起こされた可能性が排除しえない事案において，相当因果関係説的な口吻を漏らしつつ因果関係を否定した判例として，最決昭和42・10・24刑集21巻8号1116頁＝米兵ひき逃げ事件を参照）。

11. 被害者を特別な危険にさらす行為と因果関係

最決平成 18・3・27 刑集 60 巻 3 号 382 頁＝トランクルーム事件

【事実】

　被告人が 2 名と共謀のうえ，普通乗用自動車後部のトランク内に被害者を押し込み，路上で停車していたところ，後方から走行してきた普通乗用自動車の運転者が前方不注視のため停車中の前記車両に追突し，これによって被害者が傷害を負い，間もなく死亡した。

【決定要旨】

　「被害者の死亡原因が直接的には追突事故を起こした第三者の甚だしい過失行為にあるとしても，道路上で停車中の普通乗用自動車後部のトランク内に被害者を監禁した本件監禁行為と被害者の死亡との間の因果関係を肯定することができる」。

【解説】

　古くから教科書類においては，**救急車事故事例**とよばれる講壇設例があげられてきた。これは，行為者によりけがを負わされた被害者が通報によって駆けつけた救急車により緊急搬送されたが，病院に向かう途中で救急車が交通事故に遭い，被害者が死亡したという場合において，行為者の傷害行為と被害者の死亡結果との間の因果関係を否定すべきことを示すために作られたものである。ところが，本判例はまさに，追突という典型的な交通事故によって発生した被害者の死亡結果につき因果関係を肯定したことから，学説ではそのような結論に対して批判が投げかけられたのである。

　もっとも，厳密に考えると，救急車事故事例と本件との間には看過しえない重要な違いが存在する。それは，人が救急車に乗せられることでさらされる危険は日常，自動車に乗るときにさらされる危険と有意な差がないのに対し，路上で停止している自動車のトランクルームに閉じ込められることでさらされる危険は有意に大きい，ということである。そして，日常的に許されたものとしてさらされている危険（これを講学上，**一般的〔生活〕危険**などとよぶ）が実現するときは，それに対して責めを負わせるべきでないが，そのような危険を超えた危険が実現するときは，帰責，したがって因果関係を肯定することができるように思われる。こうして，本判例の立場は支持することができよう。

12. 介在事情の誘発と因果関係

最決平成 15・7・16 刑集 57 巻 7 号 950 頁＝高速道路進入事件

【事実】

被告人らから公園内およびマンション居室内で暴行を受けた被害者が，隙を見て逃走し，被告人らによる追跡を逃れるためにマンション付近の高速道路に進入し，疾走してきた自動車に追突され，後続の自動車にれき過されて死亡した。

【決定要旨】

「被害者が逃走しようとして高速道路に進入したことは，それ自体極めて危険な行為であるというほかないが，被害者は，被告人らから長時間激しくかつ執ような暴行を受け，被告人らに対し極度の恐怖感を抱き，必死に逃走を図る過程で，とっさにそのような行動を選択したものと認められ，その行動が，被告人らの暴行から逃れる方法として，著しく不自然，不相当であったとはいえない。そうすると，被害者が高速道路に進入して死亡したのは，被告人らの暴行に起因するものと評価することができるから，被告人らの暴行と被害者の死亡との間の因果関係を肯定した原判決は，正当として是認することができる」。

【解説】

寄与度の大きな介在事情がそれ自体として見れば突飛で不自然であるように思われても，それが当初の行為により**誘発**されたものである場合には，当該行為の支配力が最終的な結果にまで及んでいると解されるため因果関係を肯定することができる。本判例も実質的にはこのような趣旨を述べたものと解され，表面上は伝統的な相当性説に近い口ぶりが示されているものの，それは単に被告人・弁護人の主張に応えたものにすぎないと評価すべきであろう。そして，このような，介在事情を誘発する関係が因果関係を肯定すべき事例類型の重要な部分を構成していることは，近時の一連の最高裁判例が示すところでもある。

もっとも，本件においては，誘発の関係を指摘するだけではただちに因果関係を肯定することのできない特別な事情も看取しうる。それは，被害者がその生命にもたらす危険を十分に認識しながらあえて高速道路に進入した，より正確にいうと，そのような可能性が合理的な疑いとして残される，ということである。そもそも，追跡されている者は追っ手に追跡を断念させるために，あえ

て危険な逃走手段を選ぶという心理的傾向も認められるところである。そして，そうであるとすれば，被害者が自己の意思に基づき法益侵害やその危険を引き受けた場合には不法が欠落する，との基本原則による限り（なお，前者を被害者の同意，後者を危険の引受けとよぶ），本件においても，被害者の死亡結果までは被告人らに（傷害致死罪〔205条〕として）帰責可能な不法と評価しえないのではないか，という点が問題となるのである。

　もっとも，本件においては，被害者が自己の意思に基づきそうしたというよりも，むしろ，被告人らから加えられようとしている——あるいは，少なくとも被害者がそう信じている——重大な危害を避ける唯一の方法として，やむをえず危険な逃走手段に出たというほうが正確であろう。そして，そのような場合には，被害者の意思を根拠として（傷害致死罪としての）不法を阻却することは許されないというべきである。これに対して，たとえば，被害者がもはや追跡されていないことを認識し，すでにその必要もないのに急いで帰ろうとして高速道路に進入したのであれば，被告人らの罪責は傷害罪（204条）にとどまるものと解すべきであろう。その際には，被害者の自由な意思により（傷害致死罪としての）不法＝客観的な帰責＝構成要件該当性が阻却されていることが肝要であるが，このことをふまえたうえで，それを「因果関係が否定される」と表現することは自由である。

13. 行為者の行為の介在と因果関係

最決昭和53・3・22刑集32巻2号381頁＝熊撃ち事件

【事実】

被告人がAとともに熊の狩猟に従事するに際し，対象が熊であることを確認のうえ銃弾を発射すべき業務上の注意義務を怠り，Aを熊と間違え，同人めがけて銃弾を発射した過失により同人に銃創を負わせ，さらに，前記銃創により苦悶していたAを確認するや，その至近距離から銃弾を発射して同人を死亡させるとともに，Aの遺体を遺棄した。

【決定要旨】

「本件業務上過失傷害罪と殺人罪とは責任条件を異にする関係上併合罪の関係にあるものと解すべきである，とした原審の罪数判断は，その理由に首肯しえないところがあるが，結論においては正当である（当裁判所昭和47年（あ）第1896号同49年5月29日大法廷判決・刑集28巻4号114頁，昭和50年（あ）第15号同51年9月22日大法廷判決・刑集30巻8号1640頁参照）」。

【解説】

本件においてまず問題となりうるのは，被告人の過失による第1行為ののちに自身の故意による第2行為が介入しているところ，そのために第1行為とAの死亡結果との間の因果関係が否定されないか，である。この問題についてはいくつかの考え方があり，ある見解は，同一人の行為の連続であることに照らして因果関係を広く肯定しようとする。たしかに，たとえば，「第2行為のせいで第1行為が帰属の要件をみたさず，反対に，第1行為のせいで第2行為が帰属の要件をみたさないことになり，最終的に発生した結果について行為者がいっさい問責されなくなってしまう」といった事態を防ぐためであれば，同一人の行為の連続であることは積極的に考慮されるべきであろう。しかし，ここで問題になっている事案はそのような事態と質的に異なるのであるから，前記見解は適切でないというべきである。

そこで，別の見解は端的に第三者の故意行為の介入とパラレルに考え，それは類型的に見てはなはだしく異常であるから因果関係は否定されるという。しかし，判例10の趣旨に徴するならば，当初の銃創がすでに致命的であり，Aが最終的に同じような死因に基づいて死亡している以上，むしろ因果関係を肯

定すべきであるともいえなくはない。

　もっとも，問題はその先にある。すなわち，かりに第1行為とAの死亡結果との間の因果関係が肯定されるとしても，それと同時に，第2行為と同結果との間の因果関係もまた肯定されざるをえない。そして，そうだとすると，被告人にはAに対する業務上過失致死罪（211条前段。第1行為）と，殺人罪（199条。第2行為）とが成立しうることになる。しかし，そのような解釈は，Aを死に至らしめた点を被告人に不利益な方向で二重に評価しており妥当でない。そこで，そのような**二重評価を避ける**という（因果関係論とは別次元の）罪数論にかかる考慮から，あたかも第1行為とAの死亡結果との間の因果関係が否定されたかのような結論，すなわち，業務上過失傷害罪（211条前段。第1行為）と殺人罪（第2行為）の成立が導かれることになるのである。そして，両者は動機や意思内容をまったく異にしている以上，たとえば，前者が後者に**吸収**されるといった処理は適当でなく，むしろ**併合罪**（45条前段）とされるべきことになる。

　本判例がどのような立場に基づくものであるかは必ずしも明らかでないが，この最後に述べたような見解に従うのであれば，最高裁の言に反し，原判決が理論的に誤っているとは必ずしもいえない。あとは，動機や意思内容をいいあらわすのに「責任条件」という言葉が適切か，という語用の問題が残されるのみである。

14. 可罰的違法性

最決昭和 61・6・24 刑集 40 巻 4 号 292 頁＝マジックホン事件

【事実】

　被告人は，日本電信電話公社から架設を受けている会社事務所内の加入電話回線に，同回線電話の自動交換装置からその通話先電話の自動交換装置内度数計器を作動させるために発信されるべき応答信号を妨害する機能を有するマジックホンと称する電気機器を取り付けて使用し，通話先電話に対する通話料課金業務を妨害した。

【決定要旨】

　「被告人がマジックホンと称する電気機器一台を加入電話の回線に取り付けた本件行為につき，たとえ被告人がただ一回通話を試みただけで同機器を取り外した等の事情があつたにせよ，それ故に，行為の違法性が否定されるものではないとして，有線電気通信妨害罪，偽計業務妨害罪の成立を認めた原判決の判断は，相当として是認できる」。

【解説】

　可罰的違法性論とは，当該犯罪類型につき定められた刑罰の下限を科すことさえ正当化しえないほど小さな不法しか認められない場合において，構成要件該当性ないし違法性を阻却する考え方を指す。具体的には，法益侵害ないしその危険それ自体がきわめて微小である場合には構成要件該当性が阻却され，これを講学上，**絶対的軽微**という。これに対し，法益侵害ないしその危険＝マイナスが絶対的に小さいわけではないものの，同時に実現される他の利益＝プラスと衡量した結果，全体として見ればマイナスがきわめて微小である場合には違法性が阻却され，これを講学上，**相対的軽微**という。そして，本判例で問題とされたのは前者のほうである。

　ただし，議論を進める前に，2 点確認しておくべきことがある。

　第 1 に，たとえば，偽計業務妨害罪（233 条）において妨害されるべき業務が全体として外形上混乱なく実施されているところにとどまるのか，それとも，それを構成する個別的な事務が適正に遂行されているところにまで及ぶのか，という点である。もし前者であるとすれば，可罰的違法性論を俎上に載せる以前に，被告人の行為は同罪の構成要件に該当しないというべきである。

　第2に，同罪が（侵害犯や具体的危険犯ではなく）抽象的危険犯であるとしても，それが蓄積犯型のそれであるのか，それとも，単に危険が前倒しされたり，小さな危険でも足りるとされたりしているだけであるのか，という点である。本判例に賛成する論者の中には一般予防の必要性を根拠として掲げるものも存在するが，それは実質的には前者の趣旨であろう。もっとも，蓄積犯とは「ただ乗り（フリーライド）」を一括して禁止する法技術のひとつであるから，同罪とはその構造を本質的に異にしていると思われる。こうして後者のほうが妥当であるが，第1の点に関して述べたように，同罪にいう業務を個別的事務の適正遂行にまで拡張するのであれば，たとえ同罪を侵害犯と解したとしても，現実の業務妨害結果を優に認定することができよう。

　このように見てくると，本判例において問題となりうる絶対的軽微型の可罰的違法性論の本質は，「業務を個別的事務の適正遂行にまで細かく分解してしまうと，その程度のものの侵害ないしその危険惹起に対しては，同罪につき定められた刑の最下限さえ科しえないのではないか」という疑問にこそ存在することになる。

15. 実質的違法性阻却

最決昭和53・5・31刑集32巻3号457頁＝外務省秘密漏えい事件

【事実】

外務省担当記者であった被告人が，当初から秘密文書を入手するための手段として利用する意図で女性外務事務官と肉体関係をもち，同女が前記関係のため被告人の依頼を拒みがたい心理状態に陥ったことに乗じ，秘密文書を持ち出させた（国家公務員法〔当時〕111条，109条12号，100条1項に定める秘密漏示の「そそのかし」罪）。

【決定要旨】

「報道機関が取材の目的で公務員に対し秘密を漏示するようにそそのかしたからといつて，そのことだけで，直ちに当該行為の違法性が推定されるものと解するのは相当ではなく，報道機関が公務員に対し根気強く執拗に説得ないし要請を続けることは，それが真に報道の目的からでたものであり，その手段・方法が法秩序全体の精神に照らし相当なものとして社会観念上是認されるものである限りは，実質的に違法性を欠き正当な業務行為というべきである。しかしながら，報道機関といえども，取材に関し他人の権利・自由を不当に侵害することのできる特権を有するものでないことはいうまでもなく，取材の手段・方法が贈賄，脅迫，強要等の一般の刑罰法令に触れる行為を伴う場合は勿論，その手段・方法が一般の刑罰法令に触れないものであつても，取材対象者の個人としての人格の尊厳を著しく蹂躙する等法秩序全体の精神に照らし社会観念上是認することのできない態様のものである場合にも，正当な取材活動の範囲を逸脱し違法性を帯びるものといわなければならない」。

【解説】

刑法の一般原則によれば，たとえ構成要件に該当する行為であっても，優越利益原理等，違法性阻却を基礎づける実質的な原理がみたされる場合には可罰性が否定される。このことを包括的に規定したと解されているのが35条の正当行為であり，本件において問題とされたのもこれである。

もっとも，問題となるのは，本判例において現に行われた利益衡量が具体的に見て妥当なものだったか，である。すなわち，プラスの方向に算入される（報道のための）取材活動の有用性はよいとしても，「取材対象者であるH〔女

性外務事務官〕の個人としての人格の尊厳を著しく蹂躙した」ことを理由に，被告人の行為を不相当なものと評価している点は疑問なしとしない。というのも，女性とどのような気持ちで肉体関係をもつかは道徳の規律する領域であり，そこに法が介入してプラスやマイナスの評価を加えるのは，国家が個人に対して一定の価値観を押しつけていることに帰し，**法と道徳の峻別**に反することとなるからである。本判例のような理屈を潔癖な裁判官が敷衍するときには，肉体関係までもたなくとも，一緒に食事に行っただけで「不潔」として有罪とされかねない。

　なお，学説には，人格の尊厳の蹂躙が「そそのかし」罪の保護法益と関係がないことを理由に，マイナス方向への算入に反対するものもある。しかし，違法性阻却を実質的に基礎づける利益衡量にあたっては，行為から生じたすべてのプラスとマイナスを斟酌するのが一貫しているから，保護法益と関係のない利益の侵害をマイナス方向に算入することそれ自体は必ずしも禁止されない。本判例の難点は，したがって，むしろ法と道徳を混交したところに求めるべきであろう。

16. 自 救 行 為

最判昭和 30・11・11 刑集 9 巻 12 号 2438 頁

【事実】

被告人はその所有家屋（店舗）を増築する必要上，自己の借地内に突き出ていた A 所有家屋の玄関の軒先の間口 8 尺奥行 1 尺にわたり，A の承諾を得ないで切り取った。

【判旨】

「所論自救行為に関する原判決の判断は正当である」。

なお，原判決（札幌高函館支判昭和 28・11・10 刑集 2456 頁参照）は次のように判示している。

「本件被告人の所為が A の承諾なきことを認識しながらなしたものであり又同人が承諾したものでもないことは前説示のとおりであり，かかる行為が他人の財産権を侵害するものであつて公序良俗に反することは言を待たないところである。被告人の切断した本件 A の玄関が被告人の借地内に突出していたことは本件記録により認め得られるが，仮にこれが所論のように A の無許可の不法建築であつても，その侵害を排除するため法の救済によらずして自ら実力を用いることは法秩序を破壊し社会の平和を乱し，その弊害たるや甚しく現在の国家形態においては到底認容せらるべき権利保護の方法ではない。正当防衛又は緊急避難の要件を具備する場合は格別，漫りに明文のない自救行為の如きは許さるべきものではないのである……未だ法の保護を求めるいとまがなく且即時にこれを為すに非ざれば請求権の実現を不可能若しくは著しく困難にする虞がある場合に該当するとは認めることはできない，それゆえ，法律上の手続によらず自らの実力行使に出たる被告人の行為は違法という外な」い。

【解説】

国家とは，それを構成する国民がその行使しうる実力を拠出し合い，これを国家に独占させることによって（**自力救済の禁止**），社会の安全を確保するとともに，個人の自由を実効的に保護すべき施策を法の定立および実現を通じて遂行させるものである。このような発想を**社会契約説**という。

この説によれば，個人が適法に実力を行使しうるのは例外的な局面に限定される。たとえば，国家が個人の自由をいわれなき実力行使から実効的に保護す

るいとまがなく，かつ，そのような実力行使が時間的にも差し迫ることにより前記安全がもはや失われたものと評価しうる場合には，そのような実力行使に対抗する実力行使は**正当防衛**として正当化されうる（これに対して**緊急避難**は，複数の，それ自体正当な利益が両立不可能な衝突状況に陥っているとき，その一定の範囲につき，利益衡量という原理に基づいて調整を図る違法性阻却事由であって，自力救済の禁止の解除とは直接の関係がない）。そして多くの学説は，この正当防衛と並ぶものとして**自救行為**をあげる。すなわち，放置すれば被保全利益が深刻かつ回復不可能な程度に侵害される（権利の実現が不可能もしくは著しく困難になる）おそれがあるにもかかわらず，国家による救済手段を待っていたのでは実効的な保護を図ることができず，さらに，被侵害利益がさほど重大ではないという意味で保全行為が相当性を備える場合には，自救行為として違法性が阻却されうるというのである。本判例も，結論としては自救行為による違法性阻却を否定したものの，理論的には前記のような要件のもとでこれを承認する余地を否定していない。

　もっとも，厳密にいうと，正当防衛と自救行為はその本質的な構造を異にしている。すなわち，正当防衛においては，不正の侵害が急迫することにより安全が要保護性を失い，そのことが自力救済の禁止の解除，したがって，私人による実力行使を許容する素地を生み出す。これに対して，自救行為においては安全がいまだ要保護性を失っておらず，ただ，それを一定程度犠牲にしなければ失われるより重大な利益を保全したことが違法性阻却の実質的な根拠を提供しているのである。それはつまるところ，先述した緊急避難と軌を一にするものといえよう（なお，近時の学説には，国家による救済手段を受けうる状態を実力によって作り出す一般自救と，財物の即時占有回復によりむしろ安全を確保する占有自救とに分けて説明するものもある。注目に値するが，それによると，通説的な立場とは異なり，法治国家において安全がたとえば個人の財産に劣後することはなくなり，前記緊急避難型の自救行為は認められなくなることに注意を要する）。

17. 安 楽 死

横浜地判平成 7・3・28 判時 1530 号 28 頁＝東海大安楽死事件

【事実】

　被告人は被害者である患者の家族からの懇請により，患者に対してワソラン
および KCL を注射し，患者を死に至らしめた。

【判旨】

　「今日の段階において安楽死が許容されるための要件を考察することとする
……まず，患者に耐えがたい激しい肉体的苦痛が存在することが必要である
……次に，患者について死が避けられず，かつ死期が迫っていることが必要で
ある……さらに，患者の意思表示が必要である……一つには，前記の肉体的苦
痛の存在や死期の切迫性の認定が医師により確実に行われなければならないと
いうことであり，さらにより重要なことは，積極的安楽死が行われるには，医
師により苦痛の除去・緩和のため容認される医療上の他の手段が尽くされ，他
に代替手段がない事態に至っていることが必要であるということである……こ
の積極的安楽死が許されるための患者の自己決定権の行使としての意思表示は，
生命の短縮に直結する選択であるだけに，それを行う時点での明示の意思表示
が要求され，間接的安楽死の場合と異なり，前記の推定的意思では足りないと
いうべきである」。

【解説】

　安楽死，ことに本件で問題となった**積極的（直接的）安楽死**とは，被害者の
生命を奪うことによりこれを苦痛から解放する行為を指す。そして従来，この
安楽死が正当化される要件に関しては，**名古屋高裁の 6 要件**が実務に対して
支配的な影響力を及ぼしてきた。すなわち，①病者が現代医学の知識と技術か
ら見て不治の病に冒され，しかもその死が目前に迫っていること，②病者の苦
痛がはなはだしく，何人も真にこれを見るに忍びない程度のものなること，③
もっぱら病者の死苦の緩和の目的でなされたこと，④病者の意識がなお明瞭で
あって意思を表明できる場合には，本人の真摯な嘱託または承諾のあること，
⑤医師の手によることを本則とし，これによりえない場合には，医師によりえ
ないと首肯するに足る特別な事情があること，⑥その方法が倫理的にも妥当な
ものとして認容しうるものなること，である（名古屋高判昭和 37・12・22 高刑

集 15 巻 9 号 674 頁)。これに対し，本判例は新たな基準を定立したものとして注目に値する。

　まず，患者が耐えがたい苦痛に襲われているという要請は，まさに，その回避が患者の意思（価値観）にかなうことにより正当化の道が開かれるという点で，本質的に重要である（ただし，肉体的苦痛に限定すべきかは議論の余地がありうる）。次に，死期が迫っているという要請は，そうでなければ被覆決定の余地があり，安易な生命放棄から患者自身を救う，という配慮から導かれる。したがって，患者が従前からの強い信念や倫理的確信に基づいて安楽死を選択したのであれば，余命の要件はある程度緩和する余地もあると思われる。さらに，患者の意思表示については，たしかに，患者の安楽死を望む意思を安易に推定し，医療費やベッドを使い続ける患者を厄介払いする，という態度は絶対に許されない。しかし，それはあくまで認定論の問題であって，実体論としては患者がそのような意思を有しているというだけで十分なはずであるから，前記推定を慎重に行うための手続きを整備することにより対処すべきであろう。反対に，たとえ患者が安楽死を望む旨の意思表示を明示的に行っている場合であっても，それが外部からの圧力にゆがめられた真意に沿わないものであったり，そこまでいかなくても，熟慮に基づかない軽率なものであったりしては意味がないのである。

　一方，苦痛を緩和・除去すべき他の医療上の手段が存在しないという要請については，「患者の意思（価値観）に沿ったかたちでの利益衡量」という安楽死を許容する実質的な原理に照らし，補充性を基礎づけるものとして本質的な要件といえよう。ただし，現代の緩和ケアの発展にかんがみて，患者を死亡させる以外に苦痛を緩和・除去する手段が存在しない，という事態は現実問題として考えにくい。こうして，本判例の示した基準は一部を除いて支持しうるものの，それに該当するとして正当化される安楽死はほぼ存在しないと思われる。

18. 治療中止

最決平成 21・12・7 刑集 63 巻 11 号 1899 頁＝川崎協同病院事件

【事実】

　医師である被告人が，気管支喘息の重積発作で低酸素脳損傷となり昏睡状態が続いていた被害者に対し，気道確保のために挿入されていた気管内チューブを抜管し，筋弛緩剤を静脈注射させて窒息死させた。

【決定要旨】

　「所論は，被告人は，終末期にあった被害者について，被害者の意思を推定するに足りる家族からの強い要請に基づき，気管内チューブを抜管したものであり，本件抜管は，法律上許容される治療中止であると主張する。

　しかしながら，上記の事実経過によれば，被害者が気管支ぜん息の重積発作を起こして入院した後，本件抜管時までに，同人の余命等を判断するために必要とされる脳波等の検査は実施されておらず，発症からいまだ 2 週間の時点でもあり，その回復可能性や余命について的確な判断を下せる状況にはなかったものと認められる。そして，被害者は，本件時，こん睡状態にあったものであるところ，本件気管内チューブの抜管は，被害者の回復をあきらめた家族からの要請に基づき行われたものであるが，その要請は上記の状況から認められるとおり被害者の病状等について適切な情報が伝えられた上でされたものではなく，上記抜管行為が被害者の推定的意思に基づくということもできない。以上によれば，上記抜管行為は，法律上許容される治療中止には当たらないというべきである。

　そうすると，本件における気管内チューブの抜管行為をミオブロックの投与行為と併せ殺人行為を構成するとした原判断は，正当である」。

【解説】

　治療中止とは，医師が従前継続してきた治療行為を中止することにより，死亡をはじめとする患者の健康侵害を引き起こす場合をいう。過剰な治療を中止することにより，患者が尊厳をもって自然な死を迎えられるようにするという発想に基づき，古くから**尊厳死**といわれてきた類型もここに包摂されよう。

　このような治療中止は，実質的に見れば，医師がそれ以上積極的な治療行為をしないことに帰するから不作為と評価するのが妥当である。そして，そうで

あるとすれば，治療中止と積極的（直接的）安楽死とは，患者を死に至らしめることによりその意思（価値観）に従えば優越する利益を実現するところに共通性を有するものの，次の2点においては本質的に相違することに注意を要する。

　第1は，安楽死において患者の追求する利益が（肉体的）苦痛の緩和・除去に限られているのに対し，治療中止においては広く「自然で尊厳ある死の迎え方」まで含まれている，という点である。もっとも，このような「人生の最期の迎え方」は，短縮されるべき余命と対立・衝突する利益というよりも，むしろ患者の自己決定ないしライフスタイルの選択そのものである。したがって，このような観点から治療中止の正当化が認められるとすれば，その実質的な根拠は優越利益の実現ではなく，202条の制限を超越した自己決定権に求められるべきだと思われる。

　第2は，安楽死が医師の積極的な作為により実行されるのに対し，治療中止は実質的には不作為により行われる，という点である。肉体的苦痛の緩和・除去に絞って見れば，安楽死と治療中止とでは正当化の構造が本質的に共通する——つまり，患者の意思（価値観）に照らし，「他に避けようのない耐えがたい肉体的苦痛＞余命のわずかな短縮」という利益衡量が実質的な違法性阻却を導く——にもかかわらず，後者のほうが可罰性の阻却されうる範囲が広いと解されている理由もここに見出しえよう。すなわち，後者においては前記正当化により違法性が阻却されうるだけでなく，例外的な処罰形態である不作為犯に特有の要件である作為義務が否定されることにより，そもそも構成要件該当性の阻却される余地が存在するのである。たとえば，たとえ，著しくコストが高く維持困難な医療措置を継続してもわずかな延命しか見込めないとき，いくら患者が殺してくれといっても，積極的に殺害する作為が安楽死として正当化されることは考えにくい。しかし，だからといって，そのような措置を積極的に継続することまでが刑法上義務づけられ，継続しなければ医師に不作為による承諾殺人罪（202条後段）が成立する，とまでただちにはいえないであろう。しばしば，治療中止は患者の自己決定権論と治療義務の限界論という2つの原理により可罰性が阻却されうるといわれるが，後者がこの作為義務論を意味しているとすれば支持しうる。

　本件においては治療中止に続けて積極的な作為による殺害行為が行われているが，かりに前者で完結していたとしても殺人罪（199条）の可罰性を否定することは困難であろう。というのも，本判例によれば患者の余命も回復可能性もその推定的意思もはっきりしないのであって，治療中止の許容性を基礎づけることのできそうないかなる基準をもみたしえないことが明らかだからである。本判例が，治療中止の許されうる具体的な基準や根拠を明らかにすることなく「法律上許容される治療中止には当たらない」と述べたのも，おそらくはこのような「門前払い」の発想が背景にあったものと推測されよう。

19. 被害者の同意の不法阻却根拠

最決昭和 55・11・13 刑集 34 巻 6 号 396 頁

【事実】

　被告人は，過失による自動車衝突事故であるかのように装い保険金を騙取する目的をもって，被害者の承諾を得てその者に故意に自己の運転する自動車を衝突させ，傷害を負わせた。

【決定要旨】

　「被害者が身体傷害を承諾したばあいに傷害罪が成立するか否かは，単に承諾が存在するという事実だけでなく，右承諾を得た動機，目的，身体傷害の手段，方法，損傷の部位，程度など諸般の事情を照らし合せて決すべきものであるが，本件のように，過失による自動車衝突事故であるかのように装い保険金を騙取する目的をもって，被害者の承諾を得てその者に故意に自己の運転する自動車を衝突させて傷害を負わせたばあいには，右承諾は，保険金を騙取するという違法な目的に利用するために得られた違法なものであつて，これによって当該傷害行為の違法性を阻却するものではないと解するのが相当である」。

【解説】

　被害者の同意がなぜ不法を阻却するのか。この問いに対しては歴史的に見てさまざまな回答が与えられてきたが，今日において一般的なのは，その根拠を直截に「問題となる法益の処分権が被害者にあるからだ」というところに求める発想である。それは畢竟，当該法益をどのように使い，あるいは放棄してしまうかが被害者の「私的なことがら」だということであり，そこに国家が容喙することは公共的な理由に基づくものであったとしても許されない（むろん，被害者による法益処分行為が同時に他の正当な利益をおびやかす——たとえば，重要な文化財としての価値がある木像を持ち主である被害者が燃やしてしまう——場合にはこれを制限しうるが，それはまったく別の話である）。そして，そうであるとすれば，被害者が行為者を恃んで自身の法益を処分したいと考えたとき，行為者を処罰する（行為を不法と評価する）ことによって，そのような処分を制限することもまた許されないであろう。これこそ，被害者の同意が不法阻却を導く実質的なプロセスであり，それがときおり自律と表現されるのは，国家による私的なことがらへの介入を禁止する趣旨である。

　一方，本判例は，被害者の承諾に基づく身体傷害が傷害罪（204条）を構成するかは諸般の事情を照らし合わせて決すべきものとしている。このうち，**身体傷害の重大性**にかかる事情を考慮することは必ずしも排除されないであろう。というのも，202条の趣旨にかんがみ，自己に回復不可能なダメージを与えることは自律の物質的基盤そのものを傷つけることであって，そもそも被害者の同意による不法阻却を基礎づける自律の埒外だと解されるからである。これに対し，承諾を得た動機にかかる事情を考慮することは，それが（不道徳というのを超えて，保険金詐欺という）違法な目的であったとしても，なお許されないというべきである。そこに国家が（違法という評価を加えるかたちで）容喙してよいのは，あくまで，被害者が承諾により処分しようとした身体という法益とは別の，保険会社の財産をおびやかすがゆえだからである。要するに，国家が問責しうるのは詐欺予備罪という（存在しない）構成要件についてであるにすぎない。

20. 積極的加害意思

最決昭和 52・7・21 刑集 31 巻 4 号 747 頁＝内ゲバ事件

【事実】

　中核派に属する被告人ら 6 名が，かねて対立関係にあった革マル派の学生ら
が中核派の主催した集会に押しかけてきたことから，共犯者らと共謀のうえ，
革マル派の学生らの生命，身体に対して共同して害を加える目的で兇器を準備
して集合するとともに，被告人 A および B が革マル派に属する者に対し，そ
れぞれ数人共同して暴行を加えた。

【決定要旨】

　「刑法 36 条が正当防衛について侵害の急迫性を要件としているのは，予期さ
れた侵害を避けるべき義務を課する趣旨ではないから，当然又はほとんど確実
に侵害が予期されたとしても，そのことからただちに侵害の急迫性が失われる
わけではないと解するのが相当であり，これと異なる原判断は，その限度にお
いて違法というほかはない。しかし，同条が侵害の急迫性を要件としている趣
旨から考えて，単に予期された侵害を避けなかつたというにとどまらず，その
機会を利用し積極的に相手に対して加害行為をする意思で侵害に臨んだときは，
もはや侵害の急迫性の要件を充たさないものと解するのが相当である」。

【解説】

　36 条 1 項は「急迫不正の侵害に対して，自己又は他人の権利を防衛するた
め，やむを得ずにした行為は，罰しない」と定めるが（正当防衛），この「侵
害」に先行する事情がどのようなかたちで正当防衛の成立を制限ないし否定す
るかが判例・学説上重要な争点となっている。

　最高裁は本判例に先立って，「刑法 36 条にいう『急迫』とは，法益の侵害が
現に存在しているか，または間近に押し迫つていることを意味し，その侵害が
あらかじめ予期されていたものであるとしても，そのことからただちに急迫性
を失うものと解すべきではない」，「刑法 36 条の防衛行為は，防衛の意思をも
つてなされることが必要であるが，相手の加害行為に対し憤激または逆上して
反撃を加えたからといつて，ただちに防衛の意思を欠くものと解すべきではな
い……かねてから被告人が後藤に対し憎悪の念をもち攻撃を受けたのに乗じ積
極的な加害行為に出たなどの特別な事情が認められないかぎり，被告人の反撃

行為は防衛の意思をもつてなされたものと認めるのが相当である」と判示している（最判昭和46・11・16刑集25巻8号996頁）。このうち前半部分について，本判例は，侵害の予期に加えて積極的加害意思がある場合には急迫性が欠ける，という解釈を付加した。他方，後半部分については，それが侵害に先行する事情ではなく，まさに侵害（反撃）時の被告人の心理状態（防衛の意思）に着目するものであることから，本判例の射程外ととらえるのが一般的である。

　本件において正当防衛の成立を否定するという結論自体にはほぼ争いがないと思われるが，①積極的加害意思などという悪しき心情に着目すべきでないこと，②本判例に従うと，とどのつまり，被告人らは侵害を事前に回避すべく解散，警察への通報等，積極的な行動をとらなければならないことになるが，そのような侵害回避を義務づけるための要件が十分な根拠をもって明確に示されていないこと，などが批判として掲げられている。

21. 急迫性の一般理論

最決平成 29・4・26 刑集 71 巻 4 号 275 頁

【事実】

「(1) 被告人は，知人である A（当時 40 歳）から，平成 26 年 6 月 2 日午後 4 時 30 分頃，不在中の自宅（マンション 6 階）の玄関扉を消火器で何度もたたかれ，その頃から同月 3 日午前 3 時頃までの間，十数回にわたり電話で，『今から行ったるから待っとけ。けじめとったるから。』と怒鳴られたり，仲間と共に攻撃を加えると言われたりするなど，身に覚えのない因縁を付けられ，立腹していた。

(2) 被告人は，自宅にいたところ，同日午前 4 時 2 分頃，A から，マンションの前に来ているから降りて来るようにと電話で呼び出されて，自宅にあった包丁（刃体の長さ約 13.8 cm）にタオルを巻き，それをズボンの腰部右後ろに差し挟んで，自宅マンション前の路上に赴いた。

(3) 被告人を見付けた A がハンマーを持って被告人の方に駆け寄って来たが，被告人は，A に包丁を示すなどの威嚇的行動を取ることなく，歩いて A に近づき，ハンマーで殴りかかって来た A の攻撃を，腕を出し腰を引くなどして防ぎながら，包丁を取り出すと，殺意をもって，A の左側胸部を包丁で 1 回強く突き刺して殺害した」。

【決定要旨】

「刑法 36 条は，急迫不正の侵害という緊急状況の下で公的機関による法的保護を求めることが期待できないときに，侵害を排除するための私人による対抗行為を例外的に許容したものである。したがって，行為者が侵害を予期した上で対抗行為に及んだ場合，侵害の急迫性の要件については，侵害を予期していたことから，直ちにこれが失われると解すべきではなく（最高裁昭和 45 年（あ）第 2563 号同 46 年 11 月 16 日第三小法廷判決・刑集 25 巻 8 号 996 頁参照），対抗行為に先行する事情を含めた行為全般の状況に照らして検討すべきである。具体的には，事案に応じ，行為者と相手方との従前の関係，予期された侵害の内容，侵害の予期の程度，侵害回避の容易性，侵害場所に出向く必要性，侵害場所にとどまる相当性，対抗行為の準備の状況（特に，凶器の準備の有無や準備した凶器の性状等），実際の侵害行為の内容と予期された侵害との異同，行為者

が侵害に臨んだ状況及びその際の意思内容等を考慮し，行為者がその機会を利用し積極的に相手方に対して加害行為をする意思で侵害に臨んだとき（最高裁昭和51年（あ）第671号同52年7月21日第一小法廷決定・刑集31巻4号747頁参照）など，前記のような刑法36条の趣旨に照らし許容されるものとはいえない場合には，侵害の急迫性の要件を充たさないものというべきである。

　前記1の事実関係〔【事実】〕によれば，被告人は，Aの呼出しに応じて現場に赴けば，Aから凶器を用いるなどした暴行を加えられることを十分予期していながら，Aの呼出しに応じる必要がなく，自宅にとどまって警察の援助を受けることが容易であったにもかかわらず，包丁を準備した上，Aの待つ場所に出向き，Aがハンマーで攻撃してくるや，包丁を示すなどの威嚇的行動を取ることもしないままAに近づき，Aの左側胸部を強く刺突したものと認められる。このような先行事情を含めた本件行為全般の状況に照らすと，被告人の本件行為は，刑法36条の趣旨に照らし許容されるものとは認められず，侵害の急迫性の要件を充たさないものというべきである。したがって，本件につき正当防衛及び過剰防衛の成立を否定した第1審判決を是認した原判断は正当である」。

【解説】

　本判例は冒頭で正当防衛の趣旨について述べたうえ，「したがって，」急迫性の存否は行為全般の状況に照らして検討すべきであるという。そして，正当防衛の趣旨に照らして許容されない場合に急迫性が否定され，積極的加害意思のあるケースがその一例であるとされる。

　本判例は，下級審の一部に，積極的加害意思を認定しない限り急迫性を否定しえない，という誤解が見られたことから，それをただす趣旨に出たものと解されている。その意図自体は正当であると思われるが，説示の具体的な内容には多くの疑問も投げかけられている。

　第1に，急迫性は正当防衛の一要件にすぎないのであるから，正当防衛を認めるべきでない場合には急迫性が欠ける，という命題は論理的に倒錯している。急迫性を否定したいのなら急迫性の趣旨こそを明らかにすべきであり，本件において重視すべき事実が当該趣旨と直接の関係をもたないのであれば，むしろ別の要件を否定すべきであろう。

　第2に，不正の侵害に先行する事情と対抗行為の態様とは，明らかに考慮すべきポイントが異なるのであるから，同一の要件のもとで議論するのは適切でない。むしろ——その内容が妥当であるかはともかく——一部学説のように，不正の侵害に先行する事情がどうであれ，もっぱら防御的な対抗行為（これを防御的防衛という）は社会の安全をおびやかさないから正当防衛と認めうる，などと解するほうが方法論的には正しいであろう。

　第3に，積極的加害意思論が本当に，本判例が示す急迫性の一般理論の一適用例であるかは疑問である。本判例が「行為全般の状況」として具体的にあげている事情は，悪しき内心の動機などとは異質だからである。もちろん，積極的加害意思の存否は語義や一般的な定義と異なり，はじめからより客観的な利益状況に基づいて判断されてきた，というのであればそれでかまわないが，それなら誤解を避けるために別の表現を用いるべきであろう。

　ところで，本判例の出現により，従来の積極的加害意思論が実務上，どのような地位を占めることとなるかが議論されている。もちろん，それが明示的に，急迫性が否定される場合のひとつとして位置づけられたことから，理論的な重要性が相対的に低下したことは間違いないが，それ以上のことは本判例からただちに明らかとはならない。もっとも，積極的加害意思という観念に前述のような重大な難点があり，最高裁もそのことを意識して積極的加害意思論の地位を引き下げたのであろうから，今後，積極的加害意思の語は裁判例から次第に消えていくのではないかと思われる。

22. 自招侵害

最決平成 20・5・20 刑集 62 巻 6 号 1786 頁＝ラリアット事件

【決定要旨】

「1　原判決及びその是認する第 1 審判決の認定によれば，本件の事実関係は，次のとおりである。

(1)　本件の被害者である A（当時 51 歳）は，本件当日午後 7 時 30 分ころ，自転車にまたがったまま，歩道上に設置されたごみ集積所にごみを捨てていたところ，帰宅途中に徒歩で通り掛かった被告人（当時 41 歳）が，その姿を不審と感じて声を掛けるなどしたことから，両名は言い争いとなった。

(2)　被告人は，いきなり A の左ほおを手けんで 1 回殴打し，直後に走って立ち去った。

(3)　A は，『待て。』などと言いながら，自転車で被告人を追い掛け，上記殴打現場から約 26.5 m 先を左折して約 60 m 進んだ歩道上で被告人に追い付き，自転車に乗ったまま，水平に伸ばした右腕で，後方から被告人の背中の上部又は首付近を強く殴打した。

(4)　被告人は，上記 A の攻撃によって前方に倒れたが，起き上がり，護身用に携帯していた特殊警棒を衣服から取出し，A に対し，その顔面や防御しようとした左手を数回殴打する暴行を加え，よって，同人に加療約 3 週間を要する顔面挫創，左手小指中節骨骨折の傷害を負わせた。

2　本件の公訴事実は，被告人の前記 1 (4) の行為を傷害罪に問うものであるが，所論は，A の前記 1 (3) の攻撃に侵害の急迫性がないとした原判断は誤りであり，被告人の本件傷害行為については正当防衛が成立する旨主張する。しかしながら，前記の事実関係によれば，被告人は，A から攻撃されるに先立ち，A に対して暴行を加えているのであって，A の攻撃は，被告人の暴行に触発された，その直後における近接した場所での一連，一体の事態ということができ，被告人は不正の行為により自ら侵害を招いたものといえるから，A の攻撃が被告人の前記暴行の程度を大きく超えるものでないなどの本件の事実関係の下においては，被告人の本件傷害行為は，被告人において何らかの反撃行為に出ることが正当とされる状況における行為とはいえないというべきである。そうすると，正当防衛の成立を否定した原判断は，結論において正当である」。

【解説】

　判例 20 が待受け型の自招侵害について判示したものであるのに対し，本判例は出向き型，しかも，被侵害者が不正の先行行為によりみずから侵害を積極的に招致したケース（不正の先行行為型）について判示したものである点に特徴がある（一方，判例 21 の事案は通常の出向き型の一種だと思われる）。

　本判例は判例 20 と異なり，侵害の予期や積極的加害意思に言及することなく，さらには，具体的に欠如する要件を示すこともなく対抗行為の正当化を否定している。このことをいかにして整合的に説明するかが問題となるが，大きく分けて次の 2 とおりの解釈が提示されている。

　第 1 は，本判例が出向き型，ことに，不正の先行行為型に固有の原理を打ち出したものであり，事案に応じて判例 20 と併用しうる，という解釈である。もっとも，不正の先行行為が爾後の対抗行為の正当化に影響を与える理論的な根拠は十分に説明されておらず，このような解釈はやや便宜的にすぎるのではないかという疑問がある。

　第 2 は，本判例が判例 20 と基本的には同一の原理にのっとったものであり，不正の先行行為型を含む出向き型が不正の侵害を**作為**により招致する場合であるのに対し，待受け型は**不作為**による場合であるという違いがあるにすぎない，という解釈である。そして，本件において侵害の予期までは認められず，せいぜいその高度の予見可能性しか存在しないとすれば，その分，対抗行為の正当化が制限される度合いは小さくなるため，急迫性を否定するという牛刀の使用が避けられたのだ，と説明されることになる。本件においては**防御的防衛**や，**退避可能性**なき場合に一定限度の**攻撃的防衛**を許容すべきとする見解も見られるが，実質的には同旨に出たものと理解することができよう。

23. 防衛の意思

最判昭和 50・11・28 刑集 29 巻 10 号 983 頁

【事実】

　被告人が友人 A とともに乗用車で走行中，人違いして B らに声をかけたことから因縁をつけられ，B らに捕えられれば A と同様の暴行を加えられることが予想されたため，B が死亡するかもしれないことを認識しながら散弾銃を B に向けて発砲し，同人に加療約 4 か月を要する傷害を負わせた。

【判旨】

　「急迫不正の侵害に対し自己又は他人の権利を防衛するためにした行為と認められる限り，その行為は，同時に侵害者に対する攻撃的な意思に出たものであつても，正当防衛のためにした行為にあたると判断するのが，相当である。すなわち，防衛に名を借りて侵害者に対し積極的に攻撃を加える行為は，防衛の意思を欠く結果，正当防衛のための行為と認めることはできないが，防衛の意思と攻撃の意思とが併存している場合の行為は，防衛の意思を欠くものではないので，これを正当防衛のための行為と評価することができるからである」。

【解説】

　学説では一般に，不正の侵害が時間的に切迫する以前の被侵害者の心理状態が侵害の予期や積極的加害意思の問題，切迫した（防衛行為に出る）時点での被侵害者の心理状態が防衛の意思の問題，というように整理されている。このうち前者の問題については判例 20 で解説したが，ここでは後者の問題が俎上に載せられていることになる。

　さて，本判例によれば，防衛の意思は攻撃の意思が併存してもなくならないが，防衛に名を借りた積極的な攻撃があれば失われるとされる。もっとも，正当防衛の可罰性阻却根拠を非強壮性情動に類する心理状態にあることによる責任減少に求めるのであればともかく，それ自体，何ら正当な利益を担っていない侵害をやめさせることで被侵害利益を擁護するという違法性阻却に求めるのであれば，被侵害者がどのような心理状態に基づいて防衛行為に出たのかは正当防衛の成否に影響を及ぼさないはずであろう。防衛に名を借りた積極的な攻撃がなされており，それゆえ正当防衛を成立させるべきでないと感じられる事案においても，したがって，まずは正当防衛の客観的な要件のほうが欠けてい

るのではないかを疑ってみるべきである。

　ただし，防衛の意思，より正確には，（積極的に攻撃するのではなく，むしろ）身を守ろうとする動機・衝動が解釈論上まったく意味をもたないわけではない。すなわち，**過剰防衛**の刑が減免されうるのは少なからず前述の責任減少が考慮されるためであって，そこでは防衛の意思の有無が重要な意義を有しているのである（ほかにも，**量的過剰防衛**において防衛行為の一体性を基礎づけるとされることがあるが，詳しくは判例25を参照）。

24. 防衛行為の相当性

最判平成元・11・13 刑集 43 巻 10 号 823 頁＝菜切包丁事件

【事実】

　被告人が，Aから自動車の駐車場所について注意されたことに立腹してA
と口論になった際，Aが「殴られたいのか」といって手けんを前に突き出し，
足を蹴り上げるなどしながら被告人に近づいてきたのに対し，所携の菜切包丁
を腰のあたりに構えながら脅迫した。

【判旨】

　「原判決が，素手で殴打しあるいは足蹴りの動作を示していたにすぎないA
に対し，被告人が殺傷能力のある菜切包丁を構えて脅迫したのは，防衛手段と
しての相当性の範囲を逸脱したものであると判断したのは，刑法 36 条 1 項の
『已ムコトヲ得サルニ出テタル行為』の解釈適用を誤ったものといわざるを得
ない。すなわち，右の認定事実によれば，被告人は，年齢も若く体力にも優れ
たAから，『お前，殴られたいのか。』と言って手拳を前に突き出し，足を蹴
り上げる動作を示されながら近づかれ，さらに後ずさりするのを追いかけられ
て目前に迫られたため，その接近を防ぎ，同人からの危害を免れるため，やむ
なく本件菜切包丁を手に取ったうえ腰のあたりに構え，『切られたいんか。』な
どと言ったというものであって，Aからの危害を避けるための防御的な行動に
終始していたものであるから，その行為をもって防衛手段としての相当性の範
囲を超えたものということはできない……Aを脅迫する際に刃体の長さ約
17.7 cm の菜切包丁を携帯したというものであるところ，右行為は，Aの急迫
不正の侵害に対する正当防衛行為の一部を構成し，併せてその違法性も阻却さ
れるものと解するのが相当であるから，銃砲刀剣類所持等取締法 22 条違反の
罪は成立しないというべきである」。

【解説】

　36 条 1 項に定める「やむを得ずにした」の意義に関し，すでに最判昭和
44・12・4 刑集 23 巻 12 号 1573 頁は次のように判示している。「36 条 1 項にい
う『已ムコトヲ得サルニ出テタル行為』とは，急迫不正の侵害に対する反撃行
為が，自己または他人の権利を防衛する手段として必要最小限度のものである
こと，すなわち反撃行為が侵害に対する防衛手段として相当性を有するもので

あることを意味するのであつて，反撃行為が右の限度を超えず，したがつて侵害に対する防衛手段として相当性を有する以上，その反撃行為により生じた結果がたまたま侵害されようとした法益より大であつても，その反撃行為が正当防衛行為でなくなるものではないと解すべきである」と。

　このような最高裁の立場からすると，防衛行為の相当性すなわち必要（最小限度）性は，本件のように，侵害者と被侵害者の武器が対等でなくてもただちに否定されるものではない（いわゆる武器対等原則の否定）。むしろ，武器を持たない侵害者の実質的な攻撃力に照らし，素手では攻撃的防衛さえなしえない脆弱な被侵害者が，菜切包丁程度の刃物で侵害者が接近してこないよう防御的に脅し続ける行為が，まさに侵害を排除するのに必要最小限度であった，という実質判断のほうが決定的であろう（さらに，財産的権利等を防衛するための暴行につき防衛行為の相当性を肯定したものとして，最判平成21・7・16刑集63巻6号711頁を参照）。

　なお，本判例は，銃刀法違反が正当防衛行為の一部を構成するとして正当化しているが，疑問である。それは社会的法益に対する罪であり，不正の侵害に対する対抗行為としての性質を有していないから，正当化しうるとしても，正当防衛ではなく緊急避難によるべきであろう。

25. 過剰防衛

最決平成 20・6・25 刑集 62 巻 6 号 1859 頁

【事実】

　甲から殴りかかられた被告人が甲の顔面を殴打したところ，甲がアルミ製灰皿を被告人に向けて投げつけたため，被告人が甲の顔面を殴打すると甲は転倒して動かなくなったが（第1暴行），被告人は甲に対し，さらに腹部等を足げにするなどの暴行を加えて（第2暴行）傷害を負わせ，クモ膜下出血により甲を死亡するに至らしめた。死因は第1暴行により生じたものであった。

【決定要旨】

　「第1暴行により転倒した甲が，被告人に対し更なる侵害行為に出る可能性はなかったのであり，被告人は，そのことを認識した上で，専ら攻撃の意思に基づいて第2暴行に及んでいるのであるから，第2暴行が正当防衛の要件を満たさないことは明らかである。そして，両暴行は，時間的，場所的には連続しているものの，甲による侵害の継続性及び被告人の防衛の意思の有無という点で，明らかに性質を異にし，被告人が前記発言〔「おれを甘く見ているな。おれに勝てるつもりでいるのか。」〕をした上で抵抗不能の状態にある甲に対して相当に激しい態様の第2暴行に及んでいることにもかんがみると，その間には断絶があるというべきであって，急迫不正の侵害に対して反撃を継続するうちに，その反撃が量的に過剰になったものとは認められない。そうすると，両暴行を全体的に考察して，1個の過剰防衛の成立を認めるのは相当でなく，正当防衛に当たる第1暴行については，罪に問うことはできないが，第2暴行については，正当防衛はもとより過剰防衛を論ずる余地もないのであって，これにより甲に負わせた傷害につき，被告人は傷害罪の責任を負うというべきである」。

【解説】

　過剰防衛（36条2項）には2種類があるといわれている。第1は質的過剰防衛であり，急迫不正の侵害に対する対抗行為が端的に必要性ないし相当性の程度を逸脱した場合である。そして，これが刑の減免を受けうる点については争いがない。これに対して第2の量的過剰防衛とは，一連の行為を一体の防衛行為として包括評価することにより，全体として必要性ないし相当性の程度を逸脱したものと解される場合である（とくに，一連の行為の途中から急迫不正の侵

害が終了した場合を指して用いられることも多い)。そして，こちらについては，たとえば，侵害終了以降はおよそ正当防衛の観念を容れる余地がないのであり，それゆえ過剰防衛を論ずる余地もなく，分断して通常の犯罪と評価するほかない，という見解もある(**分断説**)。

しかし，侵害終了後，まったく異なる動機，新たな意思決定に基づいて行為に出た——たとえば，当初は恐怖や狼狽から，反撃して暗闇で顔の分からない被害者を打ちのめしたものの，気絶した被害者の顔を見て恋敵であることに気づき，積年の恨みを晴らそうと顔を踏みつけた——のであればともかく，当初の正当防衛行為を侵害終了後もしばらくの間，ついつい続けてしまったような場合には一連の行為を一体的に評価する余地があり，そこに過剰防衛における刑の減免根拠が妥当すれば36条2項を適用すべきだと思われる。ただし，本判例も詳しく説示するように，本件においてそのような一体的評価を行うことは困難であろう。

むしろ問題は，本件を少しデフォルメして一体的評価をなしうるとされた場合である。というのも，そのような場合には，被告人は傷害致死罪(205条)の過剰防衛として処断されることになりかねず，そうだとすれば，被告人に有利なはずの過剰防衛が適用される結果，本件における傷害罪(204条)としての処断よりも重くなってしまうおそれがあるからである。

そして，まさにこのような問題を取り扱ったのが最決平成21・2・24刑集63巻2号1頁である。すなわち，第1行為＝傷害＝正当防衛，第2行為＝暴行＝(侵害が継続しており)過剰防衛であるとき，「被告人が被害者に対して加えた暴行は，急迫不正の侵害に対する一連一体のものであり，同一の防衛の意思に基づく1個の行為と認めることができるから，全体的に考察して1個の過剰防衛としての傷害罪の成立を認めるのが相当であり，所論指摘の点〔傷害を引き起こした第1行為自体は正当防衛となりうること〕は，有利な情状として考慮すれば足りるというべきである」というのである。

しかし，量刑における調整には限界があるほか(たとえば，傷害致死罪の過剰防衛と暴行罪が問題になるとき，後者につき懲役1年6月未満を相当とする場合には，過剰防衛において免除を選択するほかなくなる)，宣告刑においてアンバランスが解消されさえすれば罪名はどうでもよい，などとは到底いえない。むしろ

平成 21 年決定の事案においては，暴行罪（208 条）に過剰防衛の規定を適用するのが妥当ではなかろうか。たしかに，第 2 行為を取り出して見れば，通常の過剰防衛を特徴づける違法減少や，違法減少の認識に基づく責任減少は認められないが，他方において，侵害に触発された非強壮性情動類似の責任減少という，刑の減免を導くにあたって本質的な要素はなお認められるからである。そして，そうであるとすれば，一部の学説が主張するように，侵害の終了前後で罪名が異なったり（脅迫から暴行に移行するなど），終了後にはじめて行為に出たりした場合においても，なお過剰防衛の規定を適用してよいように思われる。

26. 誤想防衛

大阪高判平成 14・9・4 判夕 1114 号 293 頁

【事実】

　けんか騒ぎの中から車で逃走しようとした被告人が，後方で実兄（太郎）が春野から危害を加えられているものと考え，春野らのいる方向へ自車を急後退させたところ，春野の右手に自車を当てたほか，実兄を同車でれき過して死亡させた。

【判旨】

　「被告人の春野に対する行為は正当防衛行為であり太郎に対する行為は誤想防衛の一種として刑事責任を考えるべきであるが，錯誤論の観点から考察しても，太郎に対する傷害致死の刑責を問うことはできないと解するのが相当である。すなわち，一般に，人（A）に対して暴行行為を行ったが，予期せぬ別人（B）に傷害ないし死亡の結果が発生した場合は，いわゆる方法の錯誤の場面であるとして法定的符合説を適用し，Aに対する暴行の（構成要件的）故意が，同じ『人』であるBにも及ぶとされている。これは，犯人にとって，AとBは同じ『人』であり，構成要件的評価の観点からみて法的に同価値であることを根拠にしていると解される。しかしこれを本件についてみると，被告人にとって太郎は兄であり，共に相手方の襲撃から逃げようとしていた味方同士であって，暴行の故意を向けた相手方グループ員とでは構成要件的評価の観点からみて法的に人として同価値であるとはいえず，暴行の故意を向ける相手方グループ員とは正反対の，むしろ相手方グループから救助すべき『人』であるから，自分がこの場合の『人』に含まれないのと同様に，およそ故意の符合を認める根拠に欠けると解するのが相当である。この観点からみても，本件の場合は，たとえ春野に対する暴行の故意が認められても，太郎に対する故意犯の成立を認めることはできないというべきである」。

【解説】

　誤想防衛とは，正当防衛の客観的要件にあたる事実が存在しないのに，これを存在するものと誤信してなした行為をいう。そして，通説は誤想防衛において，責任要素としての故意（責任故意）を否定している（他方，少数説である消極的構成要件要素の理論は構成要件的故意を否定する）。これに対して**厳格責任説**

とよばれる立場は，誤想防衛においても法益侵害を求めて向かう意思はあるから（構成要件的）故意は存在するのであり，あとは，そのような故意行為に出たことについて行為者を非難しうるかどうかだけが責任に残された問題であるとして，そのような誤想を回避しうる限りで故意犯の成立を肯定する。しかし，刑法が適法と評価する事実しか認識していないのに故意犯の成立を認める，というのは背理であるから，この厳格責任説は採用すべきでないと思われる。

　もっとも，本件において特徴的なのは，正当防衛（緊急救助）のつもりでなした被告人の行為の効果が（被保全法益の主体であるはずの）別人（太郎）にまで及んでおり，その意味で**方法の錯誤**の要素も含まれている，という点である。そして，この問題に関する判例（判例36）・多数説である**抽象的法定符合説**によると，被告人には太郎に対する暴行（208条）の構成要件的故意が肯定され，他方，被告人に太郎から不正の侵害を受けている認識はないから責任故意も否定されず，結局のところ被告人には太郎に対する傷害致死罪（205条）が成立してしまいかねない。しかし，それは明らかにおかしな結論である。そこで本判例は，抽象的法定符合説による構成要件的故意の転用自体に一定の限定をかけようとする。すなわち，被告人にとって太郎はともに相手方の襲撃から逃げようとしていた味方どうしであって，構成要件的評価の観点から見て春野と法的に人として同価値であるとはいえない，というのである。

　もっとも，抽象的法定符合説の中核的な根拠は「被害者が『人』である以上，誰を殺害しても同じ199条の構成要件を充足する」ところに存するのであって，春野を殺すのも太郎を殺すのも同じ199条の構成要件を充足する以上，そのような限定は少なくとも抽象的法定符合説の内在的な構造からは出てこないはずである。そこで今度は，春野に対する責任故意の欠如のほうを太郎にも転用しえないかが問題となるが，その認識が責任故意を欠如させるのはあくまで「不正の侵害をする『人』」であって，それは春野だけがみたしうる属性であるから，そのような転用は許されないと解すべきであろう。

　こうして，本件で被告人に太郎に対する傷害致死罪を成立させないためには，元凶である抽象的法定符合説を放棄するほかないと思われる。

27. 誤想過剰防衛

最決昭和 62・3・26 刑集 41 巻 2 号 182 頁＝勘違い騎士道事件

【事実】

　空手 3 段の在日外国人が，酩酊した甲女とこれをなだめていた乙男とが揉み合ううち甲女が尻もちをついたのを目撃して，甲女が乙男から暴行を受けているものと誤解し，甲女を助けるべく両者の間に割って入ったところ，乙男が防御のため両こぶしを胸の前辺りに上げたのを自分に殴りかかってくるものと誤信し，自己および甲女の身体を防衛しようと考え，とっさに空手技の回し蹴りを乙男の顔面付近に当て，同人を路上に転倒させ，その結果，後日死亡するに至らせた。

【決定要旨】

　「本件回し蹴り行為は，被告人が誤信した乙男による急迫不正の侵害に対する防衛手段として相当性を逸脱していることが明らかであるとし，被告人の所為について傷害致死罪が成立し，いわゆる誤想過剰防衛に当たるとして刑法 36 条 2 項により刑を減軽した原判断は，正当である（最高裁昭和 40 年（あ）第 1998 号同 41 年 7 月 7 日第二小法廷決定・刑集 20 巻 6 号 554 頁参照）」。

【解説】

　誤想過剰防衛とは，客観的には存在しない急迫不正の侵害を誤信しつつ，かりにそれが現に存在したとしてもなお必要性ないし相当性を逸脱する防衛行為に，それと知りつつ出る場合をいう。このような場合，行為者は正当防衛（36 条 1 項），したがって，正当化事由にあたる事実を誤信しているわけではないから，故意犯（本件では傷害致死罪）が成立しうることに問題はない。問題は，たとえ急迫不正の侵害が客観的には存在しなくても，行為者の内心においてはそれが存在する過剰防衛と同様の心理状態にあるのであって，そのことを考慮して過剰防衛（36 条 2 項）による刑の任意的減免を準用しえないか，である。本判例は，少なくとも刑の減軽に関してはその余地を認めていることになる（さらに，最決昭和 41・7・7 刑集 20 巻 6 号 554 頁も参照）。

　一方，学説ではさまざまな見解が主張されているが，それらはいずれも過剰防衛における刑の減免の実質的な根拠にかかわるものである。すなわち，誤想過剰防衛においては過剰防衛と異なり行為の違法性が客観的には減少しておら

ず，もし前記減免根拠が客観的な違法性の減少に求められるのであれば，誤想過剰防衛において刑を減免する余地は存在しないこととなるからである。そして，まさに**違法減少説**はそのように主張する。すなわち，誤想過剰防衛においては違法性が減少していないから刑の減免はなしえず，ただ，「違法減少がないことを行為者が認識しえない」特別の事情が存在する場合にだけ例外的に，責任主義の観点から違法減少があるときと同様に扱われなければならない，というのである。

しかし，過剰防衛において違法性が減少しているといっても，それは，たとえば，被害者に直径5 cmのあざを負わせる程度の反撃で足りるところ直径10 cmのあざまで負わせてしまった，という場合に直径5 cmの内側の部分までは違法性を基礎づけない，というだけであって，それのみを理由に刑の免除まで到達しうるというのは通常の量刑判断に照らしても正当化困難であろう。人にドーナツ型のあざを負わせたら傷害罪の刑が免除されうる，などというのはありえない話である。

他方，**責任減少説**は，行為者が違法減少を認識していることに加え，混乱，恐怖，驚愕等した心理状態にあることが責任の減少をもたらす，という点に減免根拠を求める。これによれば，誤想過剰防衛においても行為者は過剰防衛と同様の心理状態にある以上，刑の減免を準用することが可能であり，ただ，急迫不正の侵害を誤信したことにつき過失がある場合には，通常の誤想防衛においてさえ過失犯が成立しうることにかんがみ，誤想過剰防衛においても前記過失犯の法定刑を下回っては処断しえない，と解されることになる。

しかし，こちらについても，違法減少の認識や混乱・恐怖・驚愕というだけで刑の免除まで行くのは通常の量刑判断から逸脱しすぎている。このように見てくると，刑の免除まで到達するには違法減少説と責任減少説のいずれの要請もみたされていなければならないが（**違法・責任減少説**），刑の減軽までであればいずれかの要請がみたされているだけで足りる（**違法ないし責任減少説**），と解するのが妥当であろう。他国の立法例には，とくに侵害に触発された混乱・恐怖・驚愕が特別予防の必要性を極小化するとして，責任減少のしかも一側面だけで不可罰とするものもある。それが明らかに不合理というわけではないが，やはり，わが国においても同一の結論に到達するためには立法によるのが筋で

あろう。

28. 現在の危難

最判昭和 35・2・4 刑集 14 巻 1 号 61 頁＝堰根橋事件（差戻上告審判決）

【事実】

　被告人両名が共犯者らと共謀のうえ，本件吊橋が腐朽して車馬の通行が危険となったことから，雪害によって落橋したかのように装って災害補償金の交付を受け，本件吊橋を架け替えることを企図し，ダイナマイトを用いて本件吊橋を爆破落下させた（爆発物取締罰則違反および往来妨害罪）。

【判旨】

　「右吊橋は 200 貫ないし 300 貫の荷馬車が通る場合には極めて危険であつたが，人の通行には差支えなく……しかも右の荷馬車も，村当局の重量制限を犯して時に通行する者があつた程度であつたことが窺える……のであつて，果してしからば，本件吊橋の動揺による危険は，少くとも本件犯行当時たる昭和 28 年 2 月 21 日頃の冬期においては原審の認定する程に切迫したものではなかつたのではないかと考えられる仮に本件吊橋が原審認定のように切迫した危険な状態にあつたとしても，その危険を防止するためには，通行制限の強化その他適当な手段，方法を講ずる余地のないことはなく，本件におけるようにダイナマイトを使用してこれを爆破しなければ右危険を防止しえないものであつたとは到底認められない。しからば被告人等の本件所為については，緊急避難を認める余地なく，従つてまた過剰避難も成立しえないものといわなければならない」。

【解説】

　本判決はその論理構造から推察すると，前半部分において 37 条 1 項にいう**危難の現在性**を否定する一方，後半部分においては危難の現在性を仮定したうえで，それでもなお**補充性**が欠けるとして，**過剰避難**（37 条 1 項但書）の余地さえ排除したものと理解することができる。もっとも，より厳密に考察すると，このような論証のプロセスには若干の疑問がある。

　まず，前半部分が危難の現在性を否定している点についてであるが，そこで根拠とされているのは，平たくいえば，「いま，何とかしなければ被害が生じかねない」とまではいえない，ということであって，「危難はあるが現在して

いない」というよりも，むしろ，「そもそも（いま，対処すべき）危難がない」
というほうが正確であろう。反対に，危難がありさえすれば，これを回避しう
る最終時点——その意味で，危難回避の補充性が備わる時点——においてなお，
危難が現在性を欠くことを理由に緊急避難の成立を否定すべき契機など存在し
ないから，結局のところ，危難の現在性は補充性から独立した理論的意義を有
しないと解すべきである。

　次に，後半部分が危難を仮定したうえで，それを避ける他の穏当な手段が存
在することを理由に過剰避難の余地さえ排除している点であるが，本件につい
てはそれでよいとしても，補充性が欠けるすべての場合に過剰避難の余地まで
否定される，というのは言い過ぎであろう。たとえば，Xが自身に10の損害
をもたらす危難を，Aに転嫁するにはこれに15の損害をもたらさなければな
らないというとき，実際にそうした場合にしか過剰避難は成立しえず，混乱・
恐怖・驚愕等から17の損害をもたらしてしまった場合には通常の犯罪が成立
するにとどまる，というのはやはり行き過ぎであると思われる。

29. 自招危難

大判大正13・12・12刑集3巻867頁

【判旨】

「刑法第三十七條ニ於テ緊急避難トシテ刑罰ノ責任ヲ科セサル行爲ヲ規定シタルハ公平正義ノ觀念ニ立脚シ他人ノ正當ナル利益ヲ侵害シテ尚自己ノ利益ヲ保ツコトヲ得セシメントスルニ在レハ同條ハ其ノ危難ハ行爲者カ其ノ有責行爲ニ因リ自ラ招キタルモノニシテ社會ノ通念ニ照シ已ムヲ得サルモノトシテ其ノ避難行爲ヲ是認スル能ハサル場合ニ之ヲ適用スルコトヲ得サルモノト解スヘキニ依リ原判決ノ判斷ハ正當ナルノミナラス上告論旨第一，二點ニ對シ説明シタル如ク被告人カ M ノ祖母ト出會シ避讓ノ處置ヲ執ラサリシ事實ヲ過失ト認メタル趣旨ナルコトヲ看取シ得ラルルヲ以テ他ニ避クヘキ方法アルニ拘ラス M ノ祖母ト衝突シタルモノニ係リ已ムヲ得スシテ衝突シタルモノニ非サルニ依リ論旨ハ理由ナシ」。

【解説】

　本判例は，行為者が危難を有責な行為によりみずから招いた場合（これを自招危難という）には，緊急避難（37条1項本文）の成立しない余地を認めている。たとえば，X が野良犬に石を投げたところ襲いかかられたので，唯一の逃走経路に置いてあった A の盆栽を踏み潰して逃げたという場合には，器物損壊行為（261条）につき緊急避難の成立が制限・否定される余地があることになる。むろん，それは一律ではなく，X が事態をあらかじめ見とおしつつ石を投げたのであればおよそ危難の転嫁行為を正当化する余地は失われるであろうが，そこまではいかず，ただ漫然とそうしたにすぎないのであれば緊急避難の成立が制限されるにとどまることになろう。

　もっとも，注意を要するのは，自招危難に基づく緊急避難の制限・否定があくまで「危難を正当な理由もなく有責に招致した者に『ツケ』を回す」という発想から導かれるのであって，そのような招致者とは別の者に「ツケ」を回してはならない，いいかえれば，別の者を守るための緊急避難まで制限・否定してはならない，ということである。たとえば，Y が考えごとをしながら前方を注視せず自動車を運転していたところ，C にぶつかってこれを傷害しそうになったので，あわててハンドルを切り，すぐ隣にいた B にぶつかってこれを傷

害した，しかも，Cに気づいた時点でこれを傷害から救うには前記転把行為に
出るほかなかった，という事例において，たしかに，Yはみずから有責にC
に対する危難を招致してはいるものの，それをBに転嫁するかたちの緊急避
難を制限・否定することは許されない。そのような制限・否定という「ツケ」
を，（Yではなく）Cに回すことはできないからである。

　問題は，このような事例においてYがいかなる罪責を負うか，である。こ
こで学説は，**原因において違法な行為の理論**という考え方を持ち出すことで問
題を解決しようとする。それによると，Yが転把によりBを傷害（204条）す
ることそれ自体は緊急避難によって正当化されざるをえないけれども，だから
といって，そのような恩恵を，当該緊急避難状況を必要もなく作り出した原因
行為であるYによる前方不注視の運転にまで与えるのは不合理である。それ
ゆえ，そのような原因行為は（結果行為が適法であったとしてもなお）違法なの
であり，その時点でBの傷害に対する過失が認められれば，Yには過失運転
傷害罪（自動車運転死傷行為処罰法5条）が成立しうることになる。

30. 責任能力の標準

最判昭和 53・3・24 刑集 32 巻 2 号 408 頁

【事実】

以前，海上自衛隊に勤務中に精神分裂病（統合失調症）と診断され通院治療歴を有する被告人が，A 女に結婚を断られた不満と自衛隊に好意をもたない同女およびその兄に対する反感から，A 一家を殺害しようと企て，A 方において，携行した鉄棒で被害者らの頭部を段打して 5 名を殺害し，2 名には傷害を負わせた。

【判旨】

破棄差戻し。

「所論にかんがみ職権により調査すると，原判決には，以下に述べるとおり，被告人の責任能力に関する事実誤認の疑いがある。

すなわち，記録によれば，次のような問題点がある。

（一）被告人は，海上自衛隊に勤務中の昭和 42 年 6 月ころ医師から精神分裂病と診断され，同年 7 月下旬国立 K 病院精神科に入院し，同 43 年 1 月下旬に軽快・退院したのちも，工員として働きながら同年 10 月下旬（本件犯行の約 2 か月前）まで通院治療を受けていた。

（二）原判決は，被告人が N（公社職員）に結婚を断わられた不満と自衛隊に好意を持たない同女及びその兄・M（会社員・被告人の高校同級生）に対する反感から T 家の人びとを憎悪し本件犯行を計画，実行した旨認定している。しかし，被告人と N との間には具体的な交際があつたわけではないし，M らとの自衛隊をめぐる議論も前年の新年会における座興類似のものであつて，普通ならば謀殺の動機に発展するほどの深刻な問題を含むものではなく，犯行態様においても，人質同然に T 方へ連行したハイヤー運転手，就寝中のいたいけな幼児 3 名，急を聞いて同家に駆けつけた近隣者 2 名及び戸外に助けを求め戻つてきた N の姉・E（教員）に対し，順次，所携の鉄棒で頭部を強打して 5 名を殺害し 2 名に重傷を負わせている反面，被告人のいる前でハイヤー運転手の手当をしたり駐在所への連絡に外出しようとした N の父・K に対しては何ら手出しをしておらず，前記の動機のみでは説明のできないような奇異な行動を示している。

　（三）第1審の鑑定人 SK 作成の鑑定書及び原審の鑑定人 SI 作成の鑑定書（同人に対する原審の証人尋問調書を含む。以下「SI 鑑定」という。）には，いずれも，本件犯行が被告人の精神分裂病に基づく妄想などの病的体験に支配された行動ではなく，被告人は是非善悪の判断が可能な精神状態にあつた旨の意見が記載されている。しかし，両鑑定は，本件犯行時に被告人が精神分裂病（破瓜型）の欠陥状態（人格水準低下，感情鈍麻）にあつたこと，破瓜型の精神的分裂病は予後が悪く，軽快を示しても一過性のもので，次第に人格の荒廃状態に陥つている例が多いこと及び各鑑定当時でも被告人に精神分裂病の症状が認められることを指摘しており，さらに，SI 鑑定は，本件犯行を決意するに至る動機には精神分裂病に基づく妄想が関与していたこと及び公判段階における被告人の奇異な言動は詐病ではなく精神分裂病の症状の現われであることを肯定している。

　右のような，被告人の病歴，犯行態様にみられる奇異な行動及び犯行以後の病状などを総合考察すると，被告人は本件犯行時に精神分裂病の影響により，行為の是非善悪を弁識する能力又はその弁識に従つて行動する能力が著しく減退していたとの疑いを抱かざるをえない。

　ところが，原判決は，本件犯行が被告人の精神分裂病の寛解期になされたことのほか，犯行の動機の存在，右犯行が病的体験と直接のつながりをもたず周到な準備のもとに計画的に行われたこと及び犯行後の証拠隠滅工作を含む一連の行動を重視し，SI 鑑定を裏付けとして，被告人の精神状態の著しい欠陥，障害はなかつたものと認定している。

　そうすると，原判決は，被告人の限定責任能力を認めなかつた点において判決に影響を及ぼすべき重大な事実誤認の疑いがあり，これを破棄しなければ著しく正義に反するものと認められる」。

【解説】

　39条は，1項において「心神喪失者の行為は，罰しない」と，2項において「心神耗弱者の行為は，その刑を減軽する」と，それぞれ定めている。そして，判例（大判昭和6・12・3刑集10巻682号）によれば，「心神喪失ト心神耗弱トハ孰レモ精神障礙ノ態様ニ属スルモノナリト雖其ノ程度ヲ異ニスルモノニシテ即チ前者ハ精神ノ障礙ニ因リ事物ノ理非善悪ヲ辨識スルノ能力ナク又ハ此ノ辨

識ニ従テ行動スル能力ナキ状態ヲ指称シ後者ハ精神ノ障礙未タ上叙ノ能力ヲ缺
如スル程度ニ達セサルモ其ノ能力著シク減退セル状態ヲ指称スルモノナリト
ス」とされる。

　このように，刑罰を科するには**責任能力**が必要とされ，それが著しく減退し
ている場合（これを**限定責任能力**という）には刑が必要的に減軽されるのである
が，その実質的な根拠は**責任主義**に求められている。すなわち，刑罰の**制裁**と
しての性格に照らし，一定の不法の実現に結びつけられた害悪（刑罰）の事前
告知が行為者に対し，当該不法の実現を回避すべくその行動を制御する機能を
果たさなければならないところ（責任主義），いかに本人が努力しても自身の
ふるまいが不法と評価されていることを知りえず（**弁識無能力**），または，たと
え知りえたとしても，そのような評価に従って不法を回避すべく自身のふるま
いをコントロールしえない（**制御無能力**）場合には，刑罰が前記行動制御の機
能を果たしえず，それゆえ，その制裁としての性格が担保されないこととなっ
てしまう。このような観点から弁識能力および制御能力が刑罰にとって必要と
されるのであり，これらをあわせて責任能力とよぶ。さらに，責任能力が著し
く減退している限定責任能力の場合には，刑罰が部分的にしか制裁としての機
能を果たしえないことから必要的減軽が導かれるのである。

　むろん，厳密にいうと，責任無能力とは，あくまで**精神の障害**により（これ
を**生物学的要素**という）弁識能力または制御能力（あるいはその両方）が欠如す
る（これを**心理学的要素**という）場合を指称するのであって（このように，2つの
要素を組み合わせて責任無能力を判断する方法を**混合的方法**という），このことを
裏側から表現すれば，精神の障害によらない弁識無能力または制御無能力（あ
るいはその両方）は責任無能力をもたらさないことになる。しかし，たとえ精
神の障害によらなくても，そのような場合には責任主義の観点に基づき超法規
的に責任が阻却され刑罰を科しえないのであるから，責任無能力ではないとい
うことにそれほどの意味はない。また，そもそも学説には，弁識能力または制
御能力（あるいはその両方）が欠如する場合には常に精神の障害があったとい
える，とするものもある。このような中，なお意味のある要件として精神の障
害を論じようとするのであれば，それは精神医学等の観点から見た**治療適応性**，
したがって，制裁ではなく（**医療観察法**等の）**処分**の視点と結びつけられる必

要があるように思われる。

　なお，責任能力の具体的な認定方法については判例31を参照されたい。

31. 責任能力の認定方法

最決平成 21・12・8 刑集 63 巻 11 号 2829 頁

【事実】

　被告人が被害者の頭部を金属バットで殴りつけたのち，被害者の二男の右頸部をナイフで切りつけるなどし，さらに，被害者の頭部，顔面を同ナイフで多数回にわたって切りつけ，その胸部等を突き刺すなどして同人を殺害した。

【決定要旨】

　「責任能力の有無・程度の判断は，法律判断であって，専ら裁判所にゆだねられるべき問題であり，その前提となる生物学的，心理学的要素についても，上記法律判断との関係で究極的には裁判所の評価にゆだねられるべき問題である。したがって，専門家たる精神医学者の精神鑑定等が証拠となっている場合においても，鑑定の前提条件に問題があるなど，合理的な事情が認められれば，裁判所は，その意見を採用せずに，責任能力の有無・程度について，被告人の犯行当時の病状，犯行前の生活状態，犯行の動機・態様等を総合して判定することができる（最高裁昭和 58 年（あ）第 753 号同年 9 月 13 日第三小法廷決定・裁判集刑事 232 号 95 頁，最高裁昭和 58 年（あ）第 1761 号同 59 年 7 月 3 日第三小法廷決定・刑集 38 巻 8 号 2783 頁，最高裁平成 18 年（あ）第 876 号同 20 年 4 月 25 日第二小法廷判決・刑集 62 巻 5 号 1559 頁参照）。そうすると，裁判所は，特定の精神鑑定の意見の一部を採用した場合においても，責任能力の有無・程度について，当該意見の他の部分に事実上拘束されることなく，上記事情等を総合して判定することができるというべきである」。

【解説】

　本件において，最高裁は【決定要旨】のように述べたのち，精神医学者の**精神鑑定**における意見のうち，被告人が心神喪失の状態にあったとする部分を前提資料や推論過程に疑問があるとして採用せず，責任能力の有無・程度について，被告人の犯行当時の病状，犯行前後の言動や犯行の動機，従前の生活状態から推認される人格傾向等を総合考慮して，統合失調症による病的体験と犯行との関係，被告人の本来の人格傾向と犯行との関連性の程度等を検討し，被告人が心神耗弱の状態にあったと認定した原判決の判断手法に誤りはないとした。

　さて，本判例も引用する最決昭和 58・9・13 判時 1100 号 156 頁は，かつて，

「被告人の精神状態が刑法39条にいう心神喪失又は心神耗弱に該当するかどう
かは法律判断であって専ら裁判所に委ねられるべき問題であることはもとより，
その前提となる生物学的，心理学的要素についても，右法律判断との関係で究
極的には裁判所の評価に委ねられるべき問題である」と判示していた。要する
に，基本的には通常の事実認定と同様の方法で事にあたるものとされたのであ
る。

　ところが，その後，（同じく，本判例も引用する）最判平成20・4・25刑集62
巻5号1559頁は，「被告人の精神状態が刑法39条にいう心神喪失又は心神耗
弱に該当するかどうかは法律判断であって専ら裁判所にゆだねられるべき問題
であることはもとより，その前提となる生物学的，心理学的要素についても，
上記法律判断との関係で究極的には裁判所の評価にゆだねられるべき問題であ
る（最高裁昭和58年（あ）第753号同年9月13日第三小法廷決定・裁判集刑事232
号95頁）。しかしながら，生物学的要素である精神障害の有無及び程度並びに
これが心理学的要素に与えた影響の有無及び程度については，その診断が臨床
精神医学の本分であることにかんがみれば，専門家たる精神医学者の意見が鑑
定等として証拠となっている場合には，鑑定人の公正さや能力に疑いが生じた
り，鑑定の前提条件に問題があったりするなど，これを採用し得ない合理的な
事情が認められるのでない限り，その意見を十分に尊重して認定すべきものと
いうべきである」と判示した。そして，学説ではこのような判示について，**裁
判員の混乱を避けるため信頼に足る鑑定を1つだけ証拠として採用し，基本的
にはこれに従って責任能力を判断させる**趣旨だと理解されるようになった。

　このような中，本判例が出されたのであるが，そのとらえ方は学説において
も単一ではない。すなわち，これは実質的には2度目の**判例変更**であって，昭
和58年決定の方向に舵を戻したのだ，というものがある一方，事案に応じて
判断のウェイトの置き所が異なるだけであって，責任能力の認定方法そのもの
については昭和58年決定から本判例に至るまで判例は一貫している，という
ものもある。たしかに，前者のとらえ方も成り立ちえなくはないが，裁判所が
鑑定の信用性を判断しうるだけだとすれば責任能力のみが根拠なく特別扱いを
受けることとなる反面，裁判所が素人であり独自に確定的な判断をなしえない
ときにこそ鑑定を用いるのだとすれば，裁判所が鑑定の証明力を独自に判断し

うるといってもおのずから限界があろう。こうして，平成 20 年判決に実質的
な判例変更的意義まで認める議論には賛成できない，つまり，後者のとらえ方
のほうが妥当であると思われる。

　なお，本判例は，従前提案されてきた，「精神障害のために犯したのか，も
ともとの人格に基づく判断によって犯したのか」という視点から責任能力を判
断する手法を取り入れた点においても注目に値する。

32. 実行行為途中からの責任能力低下

長崎地判平成4・1・14判時1415号142頁

【事実】

　被告人は被告人方において，某日午後2時ころ，妻A子に対し手けんで頭部・顔面等を殴打したが，なおも同女に対し，その後，同日午後11時ころまでの間，腹立ちまぎれに焼酎を飲んで酩酊の度を強めながら数次にわたり手けんで頭部・顔面等を殴打し，背部等を足蹴にする暴行を加えたうえ，居間に向かって押し倒し，同間にうつ伏せに倒れた同女をなおも叩こうと同間に入ろうとした際，敷居につまずき同間東側アルミサッシガラス戸に頭を強打したことからいっそう激昂し，同女の背部・臀部等を足で踏みつけ，肩たたき棒で頭部等を滅多打ちするなどの暴行を加え，よって，同女に頭部・顔面および胸背部打撲による皮下出血，筋肉内出血ならびに胸骨および肋骨骨折による胸腔内出血等の傷害を負わせ，同日午後11時ころ，被告人方居間において，同女を前記傷害に基づく外傷性ショックにより死亡させた（致命傷は居間における暴行による）。なお，被告人は飲酒によって本件犯行のはじめの時期には単純酩酊の状態にあったが，その後，本件犯行の中核的な行為を行った時期には複雑酩酊の状態になっていたものであって，前記状態において被告人の是非善悪を弁別する能力は著しく減退しており，それに従って行為する能力は著しく減退していた，すなわち，被告人は犯行途中より心神耗弱の状態になった。

【判旨】

　「本件は，同一の機会に同一の意思の発動にでたもので，実行行為は継続的あるいは断続的に行われたものであるところ，被告人は，心神耗弱下において犯行を開始したのではなく，犯行開始時において責任能力に問題はなかったが，犯行を開始した後に更に自ら飲酒を継続したために，その実行行為の途中において複雑酩酊となり心神耗弱の状態に陥ったにすぎないものであるから，このような場合に，右事情を量刑上斟酌すべきことは格別，被告人に対し非難可能性の減弱を認め，その刑を必要的に減軽すべき実質的根拠があるとは言いがたい。そうすると，刑法39条2項を適用すべきではないと解するのが相当である」。

【解説】

原因において自由な行為とは，結果行為を行った際には責任能力が低減ないし喪失していたが原因行為を行った際にはそうでなかった，という場合において39条を適用すべきかの問題である。そして，同条を適用すべきでないとする通説的な立場は，問責対象となる行為を原因行為ととらえる**原因行為説**と，結果行為ととらえる**結果行為説**とに分かれている。もっとも，原因行為説が同条を適用せずに済ませるロジック（間接正犯とのアナロジー）と，結果行為説がそうするロジック（責任を基礎づける事情の問責対象行為以前への遡及）とは必ずしも相互排他的なものではないから，厳密にいうと両説は併用することが可能である。あとは，両ロジックがそれ自体として説得力を有するかである。

このうち前者のロジックについては，媒介行為が自由意思によるものでなければ背後の行為が正犯性を有しうるのは行為媒介者と背後者とが同一であっても変わらないはずであるから，理論的にも支持しうるものといえよう。これに対して後者のロジックについては，問責対象行為以前の事情を斟酌して責任の存否を判断することを正当化する十分な根拠はいまだ提出されていないほか，一部の結果行為説が掲げる厳格な要件をみたす場合にはすでに原因行為説によっても39条の不適用が導かれうる，という問題がある。

もっとも，本件のような事案においては，結果行為説を前提にしなければ39条2項の適用を排除しえないようにも思われる。このことを裏側から見れば，結果行為説が原因行為説ほど理論的な明快さや根拠をもたないにもかかわらずいまだ有力に主張されているのは，まさに本件のような事案を想定して同条同項の適用を排除したいからであるともいえる。すなわち，原因行為説によるときは原則として媒介行為が心神喪失下でなされたことが必要とされ，心神耗弱にすぎない場合にはそのような状態下で結果行為に出ることをあらかじめ認識しつつ原因行為に出たことが要求されるところ，本件ではそのような要求がみたされていないのである。

しかし，厳密に考えると，本件で結果行為説を前提にしなければ39条2項が適用されざるをえない，というのはやや早計であろう。というのも，本件では一連の暴行を全体としてひとつの暴行と評価し，それは完全な責任能力下での意思決定に貫かれているとして，同条同項の適用を排除することも理論的には可能と思われるからである（反対にいうと，当初の暴行と居間での暴行とが大

きく離隔していたり，まったく異なる動機に基づき行われたりしたのだとすれば，そのような**一体的把握**は許されないこととなろう）。このような一連の行為の一体的把握は，判例 25 で論じたように，その一部に正当化される行為を含む場合には大きな問題をはらむ。他方，不法の全体を回避させるべく行動を制御しえたかという責任の判断においては，一連の行為のある時点で責任要素の欠けていることがただちに決定的な意義を有するとはいえないであろう。

33. 過失犯と原因において自由な行為

最大判昭和 26・1・17 刑集 5 巻 1 号 20 頁

【事実】

被告人は昭和某年 4 月 22 日午前 11 時過ぎころ，飲食店において同店の使用人である I と飲食をともにし，同日午後 2 時ころ，同店調理場において同店の女給である M より「いい機嫌だね」といわれるや，同女の左肩に手をかけ被告人の顔を同女の顔に近よせたのに，同女よりすげなく拒絶せられたため同女を殴打するや，居合わせた I および料理人 K らより制止されて憤慨し，とっさに傍にあった肉切り包丁をもって I の左鼠径靭帯中央下部を突き刺し，よって左股動脈切断による出血によりその場に即死させた。ただし，被告人に I に対する暴行または傷害の意思があったとは認められない。また，被告人には精神病の遺伝的素質が潜在するとともに著しい回帰性精神病者的顕在症状を有するため，犯行時はなはだしく多量に飲酒したことによって病的酩酊に陥り，ついに心神喪失の状態において前記殺人を行ったことが認められる。

【判旨】

「本件被告人の如く，多量に飲酒するときは病的酩酊に陥り，因つて心神喪失の状態において他人に犯罪の害悪を及ぼす危険ある素質を有する者は居常右心神喪失の原因となる飲酒を抑止又は制限する等前示危険の発生を未然に防止するよう注意する義務あるものといわねばならない。しからば，たとえ原判決認定のように，本件殺人の所為は被告人の心神喪失時の所為であつたとしても（イ）被告人にして既に前示のような己れの素質を自覚していたものであり且つ（ロ）本件事前の飲酒につき前示注意義務を怠つたがためであるとするならば，被告人は過失致死の罪責を免れ得ないものといわねばならない」。

【解説】

原因において**自由な行為**は「自身の責任無能力（限定責任能力）状態を利用して犯罪を実現する場合」という定式化にもあらわれているように，一般に故意犯を想定して論じられている。そして学説には，過失により責任無能力（限定責任能力）状態下での犯行を実現してしまった場合には，原因において自由な行為の理論などといった特殊なロジックを待つまでもなく，過失犯を規律する範型的な帰責理論に基づいて可罰性を肯定しうる，というものもある。すな

わち，故意犯においてはそれ自体自由な意思に基づいて，たとえば，人の死を
もたらしたことが**本来的な帰責**を基礎づけるのに対し，過失犯においてはまさ
に「人を殺そうとは思っていない」という点で自由な意思が欠落しているので
あって，そのような「本来的な帰責の欠損」をもたらした原因行為（**責務違
反**）にさかのぼって**例外的な帰責**までをも追及しなければならない。そして，
責任無能力もまた自由な意思を欠落させる点で例外的な帰責に依拠する必要が
あるのであって，それは過失犯を規律するものと構造的に同一である。このよ
うに解するのである。

　もっとも，厳密に考察すると，このような学説による議論の整理はあまり的
確でないように思われる。まず，自由な意思を構成するものとされる要素は必
ずしも一枚岩ではなく，それぞれ異なった原理によって規律されるべきである。
さらに，自由な意思を欠落させない責務の違反が常に同等の可罰性を基礎づけ
るわけではなく，そのような欠落につき前記要素のいずれが認められるかによ
って可罰性の程度が決せられる。それは畢竟，通説的な原因において自由な行
為の理論と同様に，原因行為に対してむしろ本来的な帰責を観念することに帰
するのである。このことを裏側から表現すれば，前記学説が原因において自由
な行為の理論などという特殊なロジックを過失犯に持ち込む必要がないという
のは正しいが，それは過失犯の帰責が同様に特殊だからではなく，むしろ同様
に普通だからである。

34. 故意の構成要件関連性

最決平成2・2・9判時 1341 号 157 頁

【事実】

　被告人は音楽演奏家として台湾で演奏活動をしていた者で，違法な薬物類の密輸入をする犯罪組織の一員ではないところ，Cから「ある物」（実は覚醒剤であった）を日本に運ぶようにといわれ，本当は何かと聞きただしても「心配するな」というような曖昧な返事しか得られず，さらに追及すると「化粧品」であるといわれた。しかし，被告人が遅くとも飛行機のトイレの中で本件覚醒剤が隠匿されたベストを着用した段階では，ベストの中に入っている内容物の中味を直接目にしてはいないものの，その形状や外部から触った手触り等から，過去にコカイン等の薬物を使用した経験を有する被告人としては，少なくとも，それが日本に持ち込むことを禁止されている違法な薬物であるとの認識までもった。

【決定要旨】

　「原判決の認定によれば，被告人は，本件物件を密輸入して所持した際，覚せい剤を含む身体に有害で違法な薬物類であるとの認識があったというのであるから，覚せい剤かもしれないし，その他の身体に有害で違法な薬物かもしれないとの認識はあったことに帰することになる。そうすると，覚せい剤輸入罪，同所持罪の故意に欠けるところはないから，これと同旨と解される原判決の判断は，正当である」。

【解説】

　故意（38 条1項本文）は，少なくとも構成要件に該当する事実を認識していなければ認められない（故意の構成要件関連性）。これを罪刑法定主義の主観的反映という観点から説明するものもあるが，かりに故意が刑罰の処分としての側面から責任を加重する，その意味で，厳密には罪刑法定主義の埒外にあったとしても，なお故意の構成要件関連性は要求されなければならない。というのも，故意犯としての処罰は，行為者が単に一定の法益に対して何らかの敵対性を示すところに介入するのではなく，あくまで，各構成要件の定める特定の不法を実現しようとする傾向性に対して介入するものだからである。そして，本件において被告人は目的物が覚醒剤である可能性を十分に認識していたのであ

るから，同時に他の違法な薬物である可能性を排除していなかったとしても故意の構成要件関連性を肯定することができよう（これに対し，トルエンを含有するシンナーを吸入目的で所持した事案において，当該シンナーにトルエンが含有されていないと認識していたことを理由に故意を否定したものとして，東京地判平成3・12・19 判タ 795 号 269 頁を参照）。

　ここで注意を要するのは，次の 2 つの場合にはすでに別の理由によって故意犯が成立しえない，ということである。第 1 に，被告人が目的物の有害性を，たとえば，薬機法が着目し，規制しようとしている属性においてしか認識していなかった場合には，意味の認識が欠けることにより故意を肯定しえない。第2 に，刑法の期待する慎重さを備えた一般人にとり，（被告人の特別知識を前提としてもなお）目的物が覚醒剤である可能性など一笑に付するであろう状況にある場合には，故意犯にとっても必要な過失，すなわち，予見可能性が欠けることにより故意犯は成立しえない。これら 2 つの場合には，したがって，故意の構成要件関連性を問題にするまでもないことになる。

35. 未必の故意

最判昭和23・3・16刑集2巻3号227頁

【判旨】

「贓物故買罪〔盗品等有償譲受け罪〕は贓物〔盗品等〕であることを知りながらこれを買受けることによつて成立するものであるがその故意が成立する為めには必ずしも買受くべき物が贓物であることを確定的に知つて居ることを必要としない〔。〕或は贓物であるかも知れないと思いながらしかも敢てこれを買受ける意思（いわゆる未必の故意）があれば足りるものと解すべきである〔。〕故にたとえ買受人が売渡人から贓物であることを明に告げられた事実が無くても苟くも買受物品の性質，数量，売渡人の属性，態度等諸般の事情から『或は贓物ではないか』との疑を持ちながらこれを買受けた事実が認められれば贓物故買罪が成立するものと見て差支ない（大審院昭和2年（れ）第1007号昭和2年11月15日言渡判決参照）」。

【解説】

　未必の故意は意図や確知のような確定的故意とは異なり，ありうるかもしれない構成要件の実現を認容的に甘受した場合に肯定され，構成要件の実現をいったんは思い浮かべたがこれを打ち消した場合である認識ある過失と区別される，というのが一般的な説明である。そして本判例も，基本的にはこれに忠実な判示を行っているものといえよう。もっとも，近年ではこのような説明に対してさまざまな批判が投げかけられている。

　第1に，故意の成立にとっては，構成要件の実現を認識しながら（＝知的要素）行為に出た（＝意的要素〔行為意思〕）ことだけが本質的であり，それでもかまわないなどといった感情のはたらき（＝心情要素）は重要でない，との批判がなされている。しかし，そうだとすると，たとえば，意図が故意の重い形態であることを説明しえないであろう。やはり心情要素も，故意の要求される趣旨，したがって，不法に対する行為者の傾向性を測るうえで重要な意味をもつものと解すべきである。そして，たとえこのように解しても，知的要素と意的要素は備わっているが心情要素だけが備わらない，という事態は考えにくいから，批判者との間にそれほど大きな結論の差が生じるわけではない。

　第2に，このことを実質的には承認しながらも，故意の存否は（意的要素を

前提として）知的要素と心情要素のコンビネーションによって決定される，というものもある。しかし，両要素がそれぞれ異なる観点から前記傾向性を決するのだとすれば，故意を肯定するためにはおのおのがみたすべき最下限を観念すべきであろう。

　第3に，このような故意を構成する3要素に着目するのではなく，まったく異なる観点から故意の存否を決しようとする議論も現れている。すなわち，行為者の認識した構成要件実現の可能性が，刑法の期待する慎重さを備えた一般人にとり，構成要件実現を恐れて行為をとりやめるであろう程度に至っていれば故意を肯定しうる，というのである（**規範的故意概念**）。しかし，このような判断プロセスはまさに過失の存否を判定するためのものであり，そのうちとくに重大なもののみをとりあげるとしても，それはせいぜい重大な過失を基礎づけるにとどまるのではないか，という疑問がある。

36. 方法の錯誤

最判昭和 53・7・28 刑集 32 巻 5 号 1068 頁＝びょう打銃事件

【事実】

　被告人が警官からけん銃を奪取しようと企て，建設用びょう打銃を改造したもので巡査Tを狙い，びょうを発射したところ，Tの側胸部を貫通し，さらに，たまたま道路反対側を通行していたKに命中させて，両者に傷害を負わせた。

【判旨】

　「犯罪の故意があるとするには，罪となるべき事実の認識を必要とするものであるが，犯人が認識した罪となるべき事実と現実に発生した事実とが必ずしも具体的に一致することを要するものではなく，両者が法定の範囲内において一致することをもつて足りるものと解すべきである（大審院昭和6年（れ）第607号同年7月8日判決・刑集10巻7号312頁，最高裁昭和24年（れ）第3030号同25年7月11日第三小法廷判決・刑集4巻7号1261頁参照）から，人を殺す意思のもとに殺害行為に出た以上，犯人の認識しなかつた人に対してその結果が発生した場合にも，右の結果について殺人の故意があるものというべきである……被告人が人を殺害する意思のもとに手製装薬銃を発射して殺害行為に出た結果，被告人の意図した巡査Tに右側胸部貫通銃創を負わせたが殺害するに至らなかつたのであるから，同巡査に対する殺人未遂罪が成立し，同時に，被告人の予期しなかつた通行人Kに対し腹部貫通銃創の結果が発生し，かつ，右殺害行為とKの傷害の結果との間に因果関係が認められるから，同人に対する殺人未遂罪もまた成立し（大審院昭和8年（れ）第831号同年8月30日判決・刑集12巻16号1445頁参照），しかも，被告人の右殺人未遂の所為は同巡査に対する強盗の手段として行われたものであるから，強盗との結合犯として，被告人のTに対する所為についてはもちろんのこと，Kに対する所為についても強盗殺人未遂罪が成立するというべきである」。

【解説】

　行為者の狙った客体Bとは別の客体Aに不法が実現した事例類型を方法の錯誤とよぶ（これに対し，客体の属性について主観と客観の齟齬が生じたにすぎない事例類型を客体の錯誤とよぶ）。そして，このような場合において，Aに対す

る故意犯の成立を肯定してよいかがさかんに議論されている。

　まず**抽象的法定符合説**は，AとBの侵害が同種の構成要件（本件では強盗殺人罪〔240条後段〕）を充足することを理由に錯誤は重要でないとして，Aに対する故意犯の成立を肯定する。AもBも「人」という点では差がなく，「人」を殺そうとして「人」を殺したのだから，「人を殺した」点について故意を認めてよい，というのである。本判例もこのような発想を採用するものといえる。

　このような立場はさらに以下の2つに分かれる。第1は**一故意犯説**であり，行為者にはAに対する故意犯が成立するだけで，Bに対しては未遂犯を含めて故意犯は成立しないという。これは行為者にひとりしか侵害するつもりがないことを考慮したものであるが，論者によると，かりにAだけでなくBにも侵害が生じれば，行為者にはBに対する故意犯だけが成立し，Aに対しては過失犯しか成立しえないという。しかし，このように，事後的に見ていずれの客体に侵害が生じたかにより故意の存否が決せられるのは故意の本質に反している。また，たとえ複数の故意犯が成立することを承認したとしても，**観念的競合**（54条1項前段）という法形象を用いることにより，行為者にひとりしか侵害するつもりがなかったことを量刑上評価することは十分に可能である。こうして，抽象的法定符合説を採用するとの前提をおく限り，第2の，複数の故意犯の成立を肯定する**数故意犯説**が妥当である。

　もっとも，さらにさかのぼって考えてみると，そもそも抽象的法定符合説の妥当性自体に疑念をさしはさむ余地があるのではなかろうか。すなわち，Aを殺すこととBを殺すことは，たしかに同種の構成要件を充足するけれども，同一の構成要件を充足するわけではない。むしろ，A殺害とB殺害とはそれぞれ別の（強盗）殺人罪の構成要件を充足するのであって，前者については行為者の認識が及んでいない以上，故意を否定するのが一貫していよう。このように，同種というのを超えて，同一の構成要件に該当する事実を認識していなければ故意を否定する立場を**具体的法定符合説**とよぶ。

　下級審裁判例においては，本判例に従い，被告人の狙っていない客体についても故意犯の成立を認めつつ，その量刑に際しては「わざとやったわけではない」ことを考慮して刑を軽くする，という傾向が見られる。建前としては抽象的法定符合説を維持して本判例と整合性をとるが，そのままでは被告人の刑が

重くなりすぎるから，量刑のところだけ具体的法定符合説の発想を取り入れよ
う，という話である。苦肉の策といえるが，国民にとっては非常に分かりにく
い。最初から，狙っていない客体についてはせいぜい過失犯にとどまることを
承認する，つまり，具体的法定符合説を採用しておくのが筋であろう。

37. 抽象的事実の錯誤

最決昭和61・6・9刑集40巻4号269頁

【決定要旨】

「まず，本件において，被告人は，覚せい剤であるフエニルメチルアミノプロパン塩酸塩を含有する粉末を麻薬であるコカインと誤認して所持したというのであるから，麻薬取締法66条1項，28条1項の麻薬所持罪を犯す意思で，覚せい剤取締法41条の2第1項1号，14条1項の覚せい剤所持罪に当たる事実を実現したことになるが，両罪は，その目的物が麻薬か覚せい剤かの差異があり，後者につき前者に比し重い刑が定められているだけで，その余の犯罪構成要件要素は同一であるところ，麻薬と覚せい剤との類似性にかんがみると，この場合，両罪の構成要件は，軽い前者の罪の限度において，実質的に重なり合つているものと解するのが相当である。被告人には，所持にかかる薬物が覚せい剤であるという重い罪となるべき事実の認識がないから，覚せい剤所持罪の故意を欠くものとして同罪の成立は認められないが，両罪の構成要件が実質的に重なり合う限度で軽い麻薬所持罪の故意が成立し同罪が成立するものと解すべきである（最高裁昭和52年（あ）第836号同54年3月27日第一小法廷決定・刑集33巻2号140頁参照）。

　次に，本件覚せい剤の没収について検討すると，成立する犯罪は麻薬所持罪であるとはいえ，処罰の対象とされているのはあくまで覚せい剤を所持したという行為であり，この行為は，客観的には覚せい剤取締法41条の2第1項1号，14条1項に当たるのであるし，このような薬物の没収が目的物から生ずる社会的危険を防止するという保安処分的性格を有することをも考慮すると，この場合の没収は，覚せい剤取締法41条の6によるべきものと解するのが相当である」。

【解説】

　抽象的事実の錯誤とは，行為者の認識した事実と客観的に実現された事実とが異なる種類の構成要件に該当する場合をいう。このような場合について，まず抽象的符合説は，法定刑が軽いほうの故意犯の成立を肯定し，あるいは重いほうの故意犯の成立を肯定したうえで，軽いほうの刑により処断する（38条2項の反対解釈）。しかし，刑法が故意犯をひとつだけ定め，あとは量刑判断にゆ

だねるという態度をとらず，さまざまな故意犯の構成要件を定め，不法を個別具体的に類型化していることにかんがみると，このような見解は刑法（ひいては立法者）の態度を無視しすぎており妥当でない。

　他方，抽象的符合説と異なり，構成要件の具体的な重なり合いを重視する**構成要件的符合説**の中には，主観面と客観面とで問題となる構成要件のうち，一方が他方を論理的に包含している場合にのみ（軽いほうの）故意犯の成立を肯定しようとするものもある。たとえば，承諾殺人罪（202条後段）を実現しようとして実際には通常の殺人罪（199条）を実現した，という場合，殺人罪の不法は承諾殺人罪のそれを論理的に包含しているから承諾殺人罪の成立を肯定することができる。

　もっとも，このような見解によると，本件のような事案においては故意犯の成立を肯定することができない。麻薬所持罪と覚醒剤所持罪の構成要件は，一方が他方を論理的に包含する関係にはないからである。しかし，そのような結論は不当であろう。もともと両罪は同一の法律，条文に規定してもおかしくないような共通性を有しており，異なる法律に規定されているのは歴史的経緯や立法技術等，構成要件の解釈にとっては本質的でない事情によるにすぎないからである（すでに，本判例も引用する最決昭和54・3・27刑集33巻2号140頁を参照）。したがって，このような場合には，実質的に見て両罪が同一の**包括的な構成要件**を充足すると解釈し，そのような構成要件を故意に実現した罪の成立を肯定すべきである。

　さて，このように解すると，適用法条としては両罪の条文をともに掲げるべきことになる。本判例も，表面上は主観面を構成する軽いほうの麻薬所持罪の成立を肯定する口ぶりを示しているが，**没収**という附加刑を科するにあたっては覚醒剤取締法を適用しているのであるから，実質的には同様の立場を採用するものといえよう。覚醒剤取締法の没収規定の解釈や没収の保安処分的性格を考慮するといっても，没収はあくまで刑罰なのであるから，対象物にかかる犯罪が成立している必要があるというべきである。

38. 事実の錯誤と法律の錯誤の関係

最判平成元・7・18刑集43巻7号752頁

【事実】

　会社代表者が実父の公衆浴場営業を会社において引き継いで営業中，県係官の教示により，当初の営業許可申請者を実父から会社に変更する旨の公衆浴場業営業許可申請事項変更届を県知事宛に提出し，受理された旨の連絡を県議を通じて受けたため，会社に対する営業許可があったと認識して営業を続けた。

【判旨】

　「変更届受理によつて被告会社に対する営業許可があつたといえるのかどうかという問題はさておき，被告人が変更届受理によつて被告会社に対する営業許可があつたと認識し，以後はその認識のもとに本件浴場の経営を担当していたことは，明らかというべきである。すなわち，記録によると，被告人は，昭和47年になりIの健康が悪化したことから，本件浴場につき被告会社名義の営業許可を得たい旨を県議会議員Hを通じて県衛生部に陳情し，同部公衆衛生課長補佐Kから変更届及びこれに添付する書類の書き方などの教示を受けてこれらを作成し，市南保健所に提出したのであるが，その受理前から，同課長補佐及び同保健所長Mらから県がこれを受理する方針である旨を聞いており，受理後直ちにそのことがHを通じて連絡されたので，被告人としては，この変更届受理により被告会社に対する営業許可がなされたものと認識していたこと，変更届受理の前後を問わず，被告人ら被告会社関係者において，本件浴場を営業しているのが被告会社であることを秘匿しようとしたことはなかつたが，昭和56年3月に市議会で変更届受理が問題になり新聞等で報道されるようになるまでは，本件浴場の定期的検査などを行つてきた市南保健所からはもちろん誰からも被告会社の営業許可を問題とされたことがないこと，昭和56年5月19日に県知事から被告会社に対して変更届ないしその受理が無効である旨の通知がなされているところ，被告会社はそれ以前の同年4月26日に自発的に本件浴場の経営を中止していること，以上の事実が認められ，被告人が変更届受理によつて被告会社に対する営業許可があつたとの認識のもとに本件浴場の経営を担当していたことは明らかというべきである。なお，原判決が指摘する昭和41年法律第91号による風俗営業等取締法の改正，同年県条例第

56号による同県風俗営業等取締法施行条例（昭和34年同県条例第18号）の改正，昭和42,3年ころの被告人による顧問弁護士に対する相談，H県議の関与などの諸点は，右認定を左右するものではない。

してみると，本件公訴事実中変更届受理後の昭和47年12月12日から昭和56年4月26日までの本件浴場の営業については，被告人には『無許可』営業の故意が認められないことになり，被告人及び被告会社につき，公衆浴場法上の無許可営業罪は成立しない」。

【解説】

事実の錯誤は故意を阻却するが（38条1・2項），法律の錯誤は故意を阻却しない（同条3項）。そのため，行為者の陥った錯誤がいずれの種類のものであるかが実践的な重要性をもつ。もっとも，両錯誤間に存する前記実践的な差異が理論的にはいかなる観点から導かれるのか，その点を明らかにしない限り，微妙な事案において前記種類を確定することはできない。

この点についてはさまざまな見解が主張されているが，有力なもののひとつは次のとおりである。すなわち，事実の錯誤においては，そもそも，「行為者が分かっていながらあえて不法を実現しようとした」ことにあらわれるべき，行為者の不法へと向かおうとする強度の傾向性が認められないから，故意犯の重い処罰はふさわしくない。これに対して法律の錯誤においては，行為者は十分に前記強度の傾向性を示している。したがって，行為者は原則として故意犯の重い処罰にふさわしいということができ，ただ，刑罰の制裁としての機能を担保するという観点から，たとえ行為者が刑法の要請する慎重さを備えたとしても，なお自身の実現しようとする不法が刑法による禁止の対象とされていることを認識しえなかった，換言すれば，法律の錯誤を回避しえなかった（法律の錯誤に陥ったことにつき相当の理由があった）場合には，責任が阻却され可罰性は否定されることになる。

それでは，このような理論的観点から見ると，本件において被告人の陥った錯誤はいずれの種類に属するものというべきであろうか。無許可営業罪を構成する不法とは，まさに，公衆浴場業を営むにあたって県に事前の審査を求め，そのコントロール下におくことにより不適切な営業を水際で防止しようとされているにもかかわらず，まさにこのような手続きを潜脱するところに求められ

る。そして，そうだとすると，県の行った判断の形式的な種別はともかく，少なくとも，このような許可制の趣旨に合致しようとした被告人には同罪の意味の認識，したがって，不法へと向かおうとする強度の傾向性を看取することはできない。こうして，本判例もいうように故意は否定されるべきであり，畢竟，被告人の陥った錯誤は事実に関するものと解するのが妥当であろう。

　他方，学説では，いまだ最高裁が明示的には法律の錯誤が回避不可能な場合であっても可罰性を否定する旨を述べていないところから，そのような場合でも無罪を導く方便として故意を否定するという処理が採用されることがあり，本件もその一例である，と分析するものもある。たしかに，そのような方便が用いられていると思われなくもないケースも存在するが（大判大正 14・6・9 刑集 4 巻 378 頁＝たぬき・むじな事件，最判昭和 26・8・17 刑集 5 巻 9 号 1789 頁＝無鑑札犬事件などを参照），すでに述べたように，本件ではそのような「裏技」に頼らずとも故意を否定することが可能であろう。

39. 違法性の意識の可能性

最決昭和 62・7・16 刑集 41 巻 5 号 237 頁＝百円札模造事件

【事実】

　甲，乙がそれぞれ，百円紙幣に紛らわしい外観を有する飲食店のサービス券を作成した。すなわち，まず甲において，事前に警察署を訪れて警察官に相談した際，通貨模造についての罰則の存在を知らされるとともに，紙幣と紛らわしい外観を有するサービス券とならないよう具体的な助言を受けたのに，これを重大視せず，処罰されることはないと楽観してサービス券Aを作成した。続いて，作成したサービス券Aを警察署に持参したのに対し，警察官から格別の注意も警告も受けず，かえって警察官が同僚らにサービス券を配付してくれたので，ますます安心してさらにほぼ同様のサービス券Bを作成し，また，乙において，甲から，サービス券Aは百円札に似ているが警察では問題がないといっていると聞かされるなどしたため，格別の不安を感ずることもなく類似のサービス券Cの作成に及んだ。

【決定要旨】

　「被告人甲が……各行為の，また，被告人乙が……行為の各違法性の意識を欠いていたとしても，それにつきいずれも相当の理由がある場合には当たらないとした原判決の判断は，これを是認することができるから，この際，行為の違法性の意識を欠くにつき相当の理由があれば犯罪は成立しないとの見解の採否についての立ち入つた検討をまつまでもなく，本件各行為を有罪とした原判決の結論に誤りはない」。

【解説】

　38 条 3 項は，「法律を知らなかったとしても，そのことによって，罪を犯す意思がなかったとすることはできない。ただし，情状により，その刑を減軽することができる」と定めている。そして，現在有力な**責任説**は，これを次のように解している。すなわち，自身の犯した不法が刑法による禁止の対象となっていることを知らなかったとしても，故意は否定されない。ただし，そのことを認識することが困難であった場合には，行為者が不法を犯さないよう自身を動機づけることが期待しにくかったわけであるから，その刑を減軽することができる。さらに，これは明文にはないけれど，困難というのを超えて，認識

することが不可能であった場合には**超法規的**に**責任**が**阻却**されることになる，と。

　一方，最高裁は伝統的にこのような解釈を採用せず，おそらく国民は法を知るべきであるという観点から，自身の犯した不法が刑法による禁止の対象となっていることを知りえなかったとしても故意責任を肯定してきた。もっとも，これはあまりにも国家主義的な擬制であって，下級審裁判例も具体的に妥当な結論を導くため，最高裁に反して一定の範囲で故意責任を否定してきたのである（東京高判昭和 27・12・26 高刑集 5 巻 13 号 2645 頁，東京高判昭和 44・9・17 高刑集 22 巻 4 号 595 頁，東京高判昭和 55・9・26 高刑集 33 巻 5 号 359 頁など。本判例ののちに出されたものとして，大阪高判平成 21・1・20 判タ 1300 号 302 頁を参照）。このような中，最高裁も次第にその態度を変化させ（最判昭和 53・6・29 刑集 32 巻 4 号 967 頁＝羽田空港ロビーデモ事件などを参照），本判例に至って実質的な**判例変更**に達したともいわれている。というのも，最高裁は，被告人が違法性の意識を欠くにつき**相当の理由**がなかったとした原判決の判断を是認したうえで，そのような理由があれば犯罪は成立しないという（従前の最高裁とは異なる）見解の採否について，態度決定を留保したからである。

　ただし，厳密に考えると，このようなとらえ方もやや我田引水の感を免れない。最高裁によって是認され，あるいは誤りがないとされているのは，あくまで，相当の理由がないことと有罪という結論だけであって，そのような理由があれば無罪になるというロジックそのものについては，最高裁はいかなる態度も示していないととらえることも十分に可能だからである。いいかえれば，最高裁の「留保」から「賛意」まで推し量るのは「邪推」にすぎない，ということになる。

40. 結果的加重犯における加重結果の予見可能性

最判昭和 32・2・26 刑集 11 巻 2 号 906 頁

【事実】

夫婦喧嘩のすえ，被告人である夫が妻を仰向けに引き倒して馬乗りとなり，両手でその頚部を圧迫する等の暴行を加え，よって，特異体質である妻をショック死するに至らしめた。

【判旨】

「傷害罪の成立には暴行と死亡との間に因果関係の存在を必要とするが，致死の結果についての予見を必要としないこと当裁判所の判例とするところであるから（昭和 26 年（れ）797 号同年 9 月 20 日第一小法廷判決，集 5 巻 10 号 1937 頁），原判示のような因果関係の存する以上被告人において致死の結果を予め認識することの可能性ある場合でなくても被告人の判示所為が傷害致死罪を構成すること いうまでもない」。

【解説】

結果的加重犯とは，基本犯から類型的に生じやすい加重結果が引き起こされた場合において，これを基本犯と加重結果に対する過失犯の刑を合算したよりも重く処罰する犯罪類型である。たとえば，本件で問題となった傷害致死罪（205 条）についていうと，暴行（208 条）や傷害（204 条）からは類型的に見て致死の結果が生じやすいことにかんがみ，立法者はこれを強く禁圧するために結果的加重犯を設け，暴行罪や傷害罪と過失致死罪（210 条）の刑を合算したよりも重く処罰することとした。これに対し，窃盗行為（235 条）から致死の結果が生じやすいとは必ずしもいえないため，立法者は窃盗致死罪という結果的加重犯を設けていない，ということになる。

学説には，このような結果的加重犯における基本犯と加重結果との緊密な関係を強調し，本判例のように，加重結果につき必ずしも予見可能性が認められなくても結果的加重犯の成立を肯定してよい，というものもある。さらに，必ずしもこのような解釈を正当化するためではないものの，基本犯と加重結果との間に通常の因果関係ないし帰責連関を超えて，（窃盗行為等にはない）暴行や傷害にとくに内在する高度の危険性が直接，物理的に加重結果に実現したことを要求するものもある（直接性説）。ここまでいくと，加重結果につき予見可

能性を要求しなくても，可罰範囲の拡大を抑えることは可能であるようにも思われる。

しかし，たとえば，行為時に一般人も行為者も認識しえない特殊な事情が存在し，それが原因で加重結果が発生してしまった場合にただちに因果関係を否定する**折衷的相当因果関係説**を採用するのであればともかく，有力な**客観的相当因果関係説**を前提とするときは可罰範囲の過度の拡張を止めることができない。しかも，そのことは直接性説を同時に採用しても何ら変わるところがない。有名な血友病事例（行為者が嫌がらせのため被害者に小さな傷を負わせたところ，被害者には隠れた血友病の既往があり出血が止まらずに失血死してしまった，というもの）でいうと，客観的相当因果関係説を前提とする限り，わずかな傷でも被害者の失血死を直接，物理的に引き起こしたものといわざるをえないからである。

さらに，可罰範囲の過度の拡張という問題は，折衷的相当因果関係説（ひいては主観的相当因果関係説）を採用したとしてもなお完全になくなるわけではない。というのも，同説は**存在知識＝判断基底**を一般人ないし行為者の認識（能力）により画するだけであり，**法則知識＝判断基準**については科学的判断を標準とするからである。やはり，行為者の認識可能な不法を超えた部分についてはこれを回避させるべく動機づけることが不可能であり，それゆえ刑罰を科すことはできないという**責任主義**の要請に照らせば，あくまで加重結果に対する行為者の予見可能性を要求すべきである。

本判例に対して今日の学説がほぼ一致して批判的であるのは，まさに，この責任主義が学界に広く受容されているからであるといえよう。

41. 予見可能性の意義

札幌高判昭和51・3・18高刑集29巻1号78頁＝北大電気メス事件

【判旨】

　「およそ，過失犯が成立するためには，その要件である注意義務違反の前提として結果の発生が予見可能であることを要し，結果の発生が予見できないときは注意義務違反を認める余地がない。ところで，内容の特定しない一般的・抽象的な危惧感ないし不安感を抱く程度で直ちに結果を予見し回避するための注意義務を課するのであれば，過失犯成立の範囲が無限定に流れるおそれがあり，責任主義の見地から相当であるとはいえない。右にいう結果発生の予見とは，内容の特定しない一般的・抽象的な危惧感ないし不安感を抱く程度では足りず，特定の構成要件的結果及びその結果の発生に至る因果関係の基本的部分の予見を意味するものと解すべきである。そして，この予見可能性の有無は，当該行為者の置かれた具体的状況に，これと同様の地位・状況に置かれた通常人をあてはめてみて判断すべきものである……執刀医である被告人Ｓにとつて……ケーブルの誤接続のありうることについて具体的認識を欠いたことなどのため，右誤接続に起因する傷害事故発生の予見可能性が必ずしも高度のものではなく，手術開始直前に，ベテランの看護婦である被告人Ａを信頼し接続の正否を点検しなかつたことが当時の具体的状況のもとで無理からぬものであつたことにかんがみれば，被告人Ｓがケーブルの誤接続による傷害事故発生を予見してこれを回避すべくケーブル接続の点検をする措置をとらなかつたことをとらえ，執刀医として通常用いるべき注意義務の違反があつたものということはできない」。

【解説】

　本判例は大きく分けて次の2点につき重要な判示を行っている。

　第1に，過失犯において要求される**予見可能性**は内容の特定しない一般的・抽象的な危惧感では足りない，ということである。これは一般に**危惧感説**を否定したものと解されている。ここにいう危惧感説とは，予見可能性が行為者に一定の**結果回避措置**を義務づける契機となりさえすればよく，そうであるとすれば，予見可能性は「そうした措置をとらなければ何かまずいことが起こるか

もしれない」という漠然とした不安感で足りる，と解する立場である。たとえ
ば，欠陥のある玩具を製造・販売したためこれを使用した子どもが死亡した，
という業務上過失致死罪（211条前段）の事案において，要請されるべき結果
回避措置が出荷前の（抜き打ちでない）全部検品であったとすると，製造・販
売者が，たとえば，「この玩具で子どもがけがをするかもしれない」とさえ認
識しえれば，（死亡までは想像の外であったとしてもなお）予見可能性を肯定しう
る，というのである。むろん，生ずべき損害の大きさや確率に見合わない過大
な調査コストを行為者に負わせるわけにはいかないが，それは予見可能性では
なく，結果回避措置の（**許された危険**に基づく）限定にかかる議論にすぎない。
しかし，このような危惧感説は，業務上過失致死罪の中核的な不法がまさに被
害者の死亡をもたらしたところに存することにかんがみれば，**責任主義**に違反
するものであって妥当でない。あくまで，行為者が個人的に回避することの可
能であった不法についてのみ非難を差し向けることが許されるからである。こ
うして，この第1の点に関する本判例の立場には賛成しうる（なお，危惧感説
を採用した裁判例として，徳島地判昭和48・11・28刑月5巻11号1473頁＝森永ド
ライミルク事件差戻審判決を参照）。

　第2に，ＳはＡを信頼してケーブル接続の点検をしなくてよい，ということ
である。これは**信頼の原則**を認めたものといわれている。ここにいう信頼の原
則とは，典型的には社会的に有用な分業を可能とするため，各自は自身に割り
当てられた作業に専心していればよく，たとえ実際には予見可能であったとし
ても，他者の過誤につき配慮する必要はない，という考え方である。本件に即
していうと，執刀医がケーブル接続の適否についてまで配慮しなければならな
いとなると，自身の手元がおろそかになってむしろ患者の利益に反することと
なりうるので，もともとケーブル接続を任されているベテラン看護師を信頼し，
たとえ「もしかすると……」という疑いが生じても，執刀医のほうでケーブル
接続を点検する必要はない，ということになる。この第2の点についても――
本判例の評釈類においては言及されないことも多いが――学説の共通了解を的
確に汲み取ったものであり支持することができよう。

42. 客体の予見可能性

最決平成元・3・14刑集43巻3号262頁＝荷台事件

【事実】

被告人は普通貨物自動車（軽四輪）を運転中，最高速度が時速30 kmに指定されている道路を時速約65 kmの高速度で進行し，対向してきた車両を認めて狼狽し，ハンドルを左に急転把した。これにより被告人は道路左側のガードレールに衝突しそうになり，あわてて右に急転把し，自車の走行の自由を失わせて暴走させ，道路左側に設置してある信号柱に自車左側後部荷台を激突させ，その衝撃により後部荷台に同乗していたHおよびOの両名を死亡するに至らせ，さらに，助手席に同乗していたSに対して全治約2週間の傷害を負わせた。もっとも，被告人が，自車の後部荷台に前記両名が乗車している事実を認識していたとは認定できない。

【決定要旨】

「被告人において，右のような無謀ともいうべき自動車運転をすれば人の死傷を伴ういかなる事故を惹起するかもしれないことは，当然認識しえたものというべきであるから，たとえ被告人が自車の後部荷台に前記両名が乗車している事実を認識していなかつたとしても，右両名に関する業務上過失致死罪の成立を妨げないと解すべきであり，これと同旨の原判断は正当である」。

【解説】

今日における学説の共通了解は，**責任主義**の観点から，行為者が自身の実現した不法につき**予見可能**であったことを要求している。そして，これを維持しながら本判例の結論を正当化する方策としては，次の2つがあげられている。

第1に，被告人はHとOが乗車している事実を認識していなかっただけであり，注意すればこれを認識することはできたはずであるから，実は本件においてもHとOの死亡につき被告人に予見可能性を肯定しうる，というものである。しかし，本件事案において本当にそのようにいいうるかには疑問がある。荷台に勝手に人が乗り込んでいるなどということは，現にそのことを認識していたのでない限り，およそ想像の外にある事態だと思われるからである。また，HとOの同乗につき被告人に認識可能性がなかった余地を留保する第1審判決の認定を，最高裁が前提としていることもこのような解釈を裏書きしよう。

　第2に，**方法の錯誤における抽象的法定符合説**のアナロジーから，いやしく
も被告人が「人」であるSの死（傷）につき予見可能であったならば，同じく
「人」であるHとOの死（傷）についても予見可能性があったと評価してよい，
というものである。しかし，同説は，あくまで「予見不可能な不法について責
任非難はなしえない」という責任主義自体は維持しつつ（そうでなければ，そ
もそも有力説とはなりえないはずである），ただ，故意を「およそ『人』の生命
を軽んじる態度が行為をとおして外部化していればよい」という観点から拡
張・転用する議論にすぎない。したがって，同説のアナロジーから不法の予見
可能性についてまで拡張・転用しようとする，この第2の方策は採用できない。
　以上の考察にかんがみると，本判例の結論を正当化することは困難だと思わ
れる。学界の多数説も本判例に対しては批判的である。

43. 因果経過の予見可能性

最決平成 12・12・20 刑集 54 巻 9 号 1095 頁＝生駒トンネル事件

【事実】

　鉄道トンネル内における電力ケーブルの接続工事に際し，施工資格を有して
その工事にあたった者が，ケーブルに特別高圧電流が流れる場合に発生する誘
起電流を接地するための接地銅板を接続器に取り付けることを怠ったため，誘
起電流が大地に流されずに接続器本体の半導電層部に流れて炭化導電路を形成
し，長期間にわたり同部分に集中して流れ続けたことにより火災が発生し，乗
客らが死傷した。

【決定要旨】

　「被告人は，右のような炭化導電路が形成されるという経過を具体的に予見
することはできなかったとしても，右誘起電流が大地に流されずに本来流れる
べきでない部分に長期間にわたり流れ続けることによって火災の発生に至る可
能性があることを予見することはできたものというべきである」。

【解説】

　過失犯において（も）行為者による不法の予見可能性が要求され，かつ，行
為と結果との間の因果関係が不法の構成要素である以上，**因果関係の予見可能
性**もまた必要である。問題は，現実にたどられた因果関係が不法＝客観的な帰
属可能性をみたしていることを前提として，行為者の予見可能であった客観的
に帰属可能な因果関係が，現実にたどられた因果関係とどの程度齟齬していて
もかまわないか，である。

　第 1 の見解は，現実にたどられた**因果関係の基本的部分**の予見可能性を要求
する。判例 41 もこのような見解を敷衍するものといえよう（さらに，本判例の
第 1 審判決＝大阪地判平成 7・10・6 刑集 1125 頁，原判決＝大阪高判平成 10・3・25
刑集 1206 頁も参照）。もっとも，そこにいう基本的部分の具体的な内容は必ず
しも明らかではなく，単なるイメージを超えた明確な基準を提供するには至っ
ていない。

　第 2 の見解は，現実にたどられた因果関係を一定程度抽象化したうえで，そ
れを予見しえれば足りるという。本判例もこのような見解の延長線上に位置づ
けられよう。しかし，そこにいう抽象化の限界は理論的にも実際上も明確に線

引きできるものではなく，ともすれば，予見可能性を肯定したいときにはそう
しうる程度まで抽象化するという便宜論に逢着しかねない。

　そこで第3の見解は，前記齟齬についてはじめからいっさい制限を設けない。
このように解すれば，因果関係の基本的部分や抽象化の限界といった根拠も基
準も不明な概念について，いちいち議論せずに済ますことができる。問題はそ
のように解することの許される理由であるが，それは端的に因果関係という構
成要件要素の解釈に求められよう。すなわち，構成要件上重要であるのは因果
関係が客観的に帰属可能かどうかだけであって，それ以上に詳細な因果経過の
在り様はそもそも構成要件の要素とはいえないのである。

　このように見てくると，本件では，被害者らの死傷をもたらす（たとえ現実
とはまったく異なるのであれ）客観的に帰属可能な因果経過を行為者がひとつで
も思い描くことができれば，業務上過失致死傷罪（211条前段）の成立に（も）
必要な因果関係の予見可能性としては十分というべきであろう。このような解
釈に対しては可罰範囲が広くなりすぎるとの批判もあるが，被告人は現実の因
果経過を阻害する措置をとらなくても，自身が（その知識や生理的能力に照らし
て）想定可能な因果経過を阻害する措置をとりさえすれば不可罰となりうるの
であって，こうした批判はあたらないように思われる。

44. 信頼の原則

最判昭和 42・10・13 刑集 21 巻 8 号 1097 頁

【事実】

　被告人が第一種原動機付自転車を運転して交差点を右折しようとした際，後方から時速約 60 km ないし 70 km の高速度で進行してきた A 運転の第二種原動機付自転車に自車を衝突させ，A を死亡させた。

【判旨】

　「本件被告人のように，センターラインの若干左側から，右折の合図をしながら，右折を始めようとする原動機付自転車の運転者としては，後方からくる他の車両の運転者が，交通法規を守り，速度をおとして自車の右折を待つて進行する等，安全な速度と方法で進行するであろうことを信頼して運転すれば足り，A のように，あえて交通法規に違反して，高速度で，センターラインの右側にはみ出してまで自車を追越そうとする車両のありうることまでも予想して，右後方に対する安全を確認し，もつて事故の発生を未然に防止すべき業務上の注意義務はないものと解するのが相当である（なお，本件当時の道路交通法 34 条 3 項によると，第一種原動機付自転車は，右折するときは，あらかじめその前からできる限り道路の左端に寄り，かつ，交差点の側端に沿つて徐行しなければならなかつたのにかかわらず，被告人は，第一種原動機付自転車を運転して，センターラインの若干左側からそのまま右折を始めたのであるから，これが同条項に違反し，同 121 条 1 項五号の罪を構成するものであることはいうまでもないが，このことは，右注意義務の存否とは関係のないことである。）」。

【解説】

　信頼の原則とは，相手方の適切な行動を信頼してよい場合には，たとえその相手方の不適切な行動により結果が発生したとしても，それに対して行為者は責任を負わない，とする考え方のことである。そして，本判例はまさに，この信頼の原則を援用して被告人を無罪とした。

　学説には，この信頼の原則に規範的な効力を認めず，ただ，予見可能性を慎重に認定すべき旨を裁判所等に対してリマインドする意味をもつにとどまる，と解するものもある。しかし，予見可能性が他の犯罪成立要件に比し，取り立てて安易に認定されがちなものであるともいえないから，このような見解には

やや疑問がある。むしろ通説が述べるように，主として分業による社会的有用性の達成のため，利益衡量の観点から，おのおのが自己の担当作業にのみ注意を差し向ければよく，他者が適切にその作業を遂行しているかまで気にかけることで自己の作業がおろそかになり，かえって全体として非効率になることを避けさせるもの，ととらえるべきであろう。このことを約言すれば，信頼の原則は**許された危険**の一事例だということになる（そして，そうであるとすれば，信頼の原則は現実の信頼が存在しない故意犯の場合にも妥当することになる）。

　なお，本判例は，【判旨】の括弧書きで引用したように，被告人自身に道路交通法違反があっても信頼の原則による注意義務の限定を妨げるものではない，としている。そして学説には，これに反対し，被告人自身に不適切な行動が認められる以上，他者の適切な行動を前提とすることは許されない，と述べるものもある（これを**失効原理**という）。

　一般的にいえば，自分がルール違反をしていようがいまいが，他者がルールに合致してふるまうほうがよりよく社会的有用性を達成しうるであろうから，本判例のように解するのが妥当であろう。もっとも，ルールの中には**多重防御**，すなわち，複数の関係者に同内容のルールを重畳的に課しておき，そのうちの誰かがルールに違反しても，ほかの誰かがルールを守ることで危険を防ぐという，一種の保険をかけておく趣旨のものも含まれている。そのような場合には，他者のルール合致をあてこんで自分がルール違反をするという事態を許容するのは背理であるから，結論としては失効原理を採用したのと同様になるであろう。また，たとえそのような場合でなくても，自身のルール違反が他者のルール違反を誘発するなどその**危険を増加**させているときは，他者のルール違反を防止すべき作為義務＝不作為犯における保障人的地位が発生しうる。これもまた，現象面においては失効原理と重なるものといえよう。

　なお，判例の中にはほぼ同一の事案において，信頼の原則を適用し注意義務違反を否定したもの（最判昭和48・5・22刑集27巻5号1077頁）と，これを肯定したうえで結果回避可能性を否定したもの（判例8）とが混在することから，両者の理論的関係が学説においてさかんに議論されている。一部の見解は，前者においては結果回避可能性が肯定される点で事案が異なるのであり，両者の「棲み分け」がなされているという。しかし，そもそも信頼の原則が適用され

れば結果回避可能性の出る幕はないのであるから，後者は信頼の原則を適用しないというインプリケーションを含んでいる。つまり，判例はこの種の事案において，信頼の原則を適用しない方向で変化してきていると評価するのが妥当であろう。

45. 許された危険

東京地判平成 13・3・28 判時 1763 号 17 頁＝薬害エイズ事件帝京
大ルート

【事実】

　血友病患者である被害者が大学病院で非加熱濃縮血液凝固因子製剤の投与を
受けたところ，同製剤がエイズ原因ウィルス（HIV）に汚染されていたため，
やがてエイズを発症して死亡した。同病院内科長等の立場にあった医師が業務
上過失致死罪（現 211 条前段）で起訴された。

【判旨】

　「まず，本件における結果予見可能性の点についてみると，ギャロ博士，モ
ンタニエ博士らのウイルス学的研究等により，本件当時，エイズの解明は，目
覚ましく進展しつつあった。しかし，両博士を含む世界の研究者がそのころ公
にしていた見解等に照らせば，本件当時，HIV の性質やその抗体陽性の意味
については，なお不明の点が多々存在していたものであって，検察官が主張す
るほど明確な認識が浸透していたとはいえない。エイズや HIV に関する知見
が確立されるまでには種々の曲折が存在したものであって，この間の事情を無
視して，現時点において正しいとされている知見の発表経過のみを追って本件
当時のあるべき認識を決定したり，また，そうした知見が最初に発表された時
点でそれが事実として明らかになったなどと断定したりするのは相当でない。
帝京大学病院には，ギャロ博士の抗体検査結果やエイズが疑われる 2 症例など
同病院に固有の情報が存在したが，これらを考慮しても，本件当時，被告人に
おいて，抗体陽性者の『多く』がエイズを発症すると予見し得たとは認められ
ないし，非加熱製剤の投与が患者を『高い』確率で HIV に感染させるもので
あったという事実も認め難い。検察官の主張に沿う証拠は，本件当時から十数
年を経過した後に得られた関係者の供述が多いが，本件当時における供述者自
身の発言や記述と対比すると看過し難い矛盾があり，あるいは供述者自身に対
する責任追及を緩和するため検察官に迎合したのではないかとの疑いを払拭し
難いなどの問題があり，信用性に欠ける点がある。被告人には，エイズによる
血友病患者の死亡という結果発生の予見可能性はあったが，その程度は低いも
のであったと認められる。このような予見可能性の程度を前提として，被告人

に結果回避義務違反があったと評価されるか否かが本件の帰趨を決することになる。

　次に，結果回避義務違反の点についてみると，本件においては，非加熱製剤を投与することによる『治療上の効能，効果』と予見することが可能であった『エイズの危険性』との比較衡量，さらには『非加熱製剤の投与』という医療行為と『クリオ製剤による治療等』という他の選択肢との比較衡量が問題となる。刑事責任を問われるのは，通常の血友病専門医が本件当時の被告人の立場に置かれれば，およそそのような判断はしないはずであるのに，利益に比して危険の大きい医療行為を選択してしまったような場合であると考えられる。他方，利益衡量が微妙であっていずれの選択も誤りとはいえないというケースが存在することも，否定できない。非加熱製剤は，クリオ製剤と比較すると，止血効果に優れ，夾雑タンパク等による副作用が少なく，自己注射療法に適する等の長所があり，同療法の普及と相まって，血友病患者の出血の後遺症を防止し，その生活を飛躍的に向上させるものと評価されていた。これに対し，非加熱製剤に代えてクリオ製剤を用いるときなどには，血友病の治療に少なからぬ支障を生ずる等の問題があった。加えて，クリオ製剤は，その入手についても困難な点があり，また，止血を求めて病院を受診した血友病患者について補充療法を行わないことは，血友病治療の観点から現実的な選択肢とは想定されなかった。このため，本件当時，我が国の大多数の血友病専門医は，各種の事情を比較衡量した結果として，血友病患者の通常の出血に対し非加熱製剤を投与していた。この治療方針は，帝京大学病院に固有の情報が広く知られるようになり，エイズの危険性に関する情報が共有化された後も，加熱製剤の承認供給に至るまで，基本的に変わることがなかった。もとより，通常の血友病専門医が本件当時の被告人の立場に置かれた場合にとったと想定される行動については，規範的な考察を加えて認定判断されるべきものであり，他の血友病専門医がとった実際の行動をもって，直ちにこれに置き換えることはできないが，それにしても，大多数の血友病専門医に係る以上のような実情は，当時の様々な状況を反映したものとして，軽視し得ない重みを持っていることも否定できない。以上のような諸般の事情に照らせば，被告人の本件行為をもって，『通常の血友病専門医が本件当時の被告人の立場に置かれれば，およそ非加熱製剤の

投与を継続することは考えないはずであるのに，利益に比して危険の大きい治療行為を選択してしまったもの』であると認めることはできないといわざるを得ない。被告人が非加熱製剤の投与を原則的に中止しなかったことに結果回避義務違反があったと評価することはできない。

　したがって，被告人に公訴事実記載のような業務上過失致死罪の刑事責任があったものとは認められない」。

【解説】

　本判例は無罪判決であるが，まず，エイズによる血友病患者の死亡に関する被告人の予見可能性自体は肯定されている，という点に注意を要する。ただ，そのような**予見可能性の程度**が低いことから，それを前提とした結果回避義務の違反は否定されるというのである。

　本判例の結論に賛成する学説の多くは，患者の死亡に関する被告人の予見可能性は抽象的なものにとどまるのであって，具体的かつ高度であるべき責任要素としての予見可能性，すなわち過失が否定されるべきであるという。しかし，たとえ予見可能な事象の発生確率が低かったとしても，そのことからただちに予見可能性の程度そのものまでもが低いとはいえないであろう。たとえば，まさに今日，この場所で震度3以上の地震が発生する確率は低かったとしても，そのような低い確率においてであれ，そのような地震の発生しうることは高度に予見可能である。したがって，本判例の認定した事実から，予見可能性の程度が低すぎるとして責任要素としての過失を否定することは不可能であり，反対に，もし真剣にこれを否定しようとすれば過失犯の成立範囲が耐えがたいほど縮小してしまいかねない。

　このように見てくると，本判例の理論的な主眼はもっぱら後半の結果回避義務違反を否定するところにあり，前半の予見可能性はそれを導くための一ファクターにとどまるものと解するのが妥当であろう。すなわち，結果回避義務はあるふるまいに含まれるリスクと有用性の最適なバランスをとるかたちで設定されるべきところ，前者のリスクをいいあらわすものとして前半の予見可能性にかかる議論がなされていると解されるのである。そして，このような，リスクを有用性が上回る場合を講学上，**許された危険**とよぶ。

　ただし，このような理解が正しいとすれば，本判例の言い回しには若干の疑

問もある。

　第1に,「通常の血友病専門医」などというカテゴリーが登場する理論的余地はない。前記バランシングが合理的に行われることが肝要なのであって,「通常の血友病専門医」がそれを行えるかどうかはどうでもよいことだからである。

　第2に,リスクと有用性があくまで患者にとってのものであるとすれば,当該患者の価値観に従って両者の衡量がなされるべきであって,たとえ大多数であれ,血友病専門医の衡量基準は決定的な意義をもたないと解すべきであろう。

46. 管理・監督過失——ホテル火災

最決平成5・11・25刑集47巻9号242頁＝ホテルニュージャパン
事件

【事実】

　ホテルの客室から出火し，スプリンクラー設備やこれに代わる防火区画が設置されておらず，従業員らにおいても適切な初期消火活動や宿泊客らに対する通報，避難誘導等ができなかったため，多数の宿泊客らが死傷した。ホテルを経営する会社の代表取締役社長としてホテルの経営，管理事務を統括する地位にあり，その実質的権限を有していた者が業務上過失致死傷罪（現211条前段）で起訴された。

【決定要旨】

　「被告人は，代表取締役社長として，本件ホテルの経営，管理事務を統括する地位にあり，その実質的権限を有していたのであるから，多数人を収容する本件建物の火災の発生を防止し，火災による被害を軽減するための防火管理上の注意義務を負っていたものであることは明らかであり，ニュージャパンにおいては，消防法8条1項の防火管理者であり，支配人兼総部部長の職にあったHに同条項所定の防火管理業務を行わせることとしていたから，同人の権限に属さない措置については被告人自らこれを行うとともに，右防火管理業務についてはHにおいて適切にこれを遂行するよう同人を指揮監督すべき立場にあったというべきである。そして，昼夜を問わず不特定多数の人に宿泊等の利便を提供するホテルにおいては火災発生の危険を常にはらんでいる上，被告人は，昭和54年5月代表取締役社長に就任した当時から本件建物の9，10階等にはスプリンクラー設備も代替防火区画も設置されていないことを認識しており，また，本件火災の相当以前から，既存の防火区画が不完全である上，防火管理者であるHが行うべき消防計画の作成，これに基づく消防訓練，防火用・消防用設備等の点検，維持管理その他の防火防災対策も不備であることを認識していたのであるから，自ら又はHを指揮してこれらの防火管理体制の不備を解消しない限り，いったん火災が起これば，発見の遅れや従業員らによる初期消火の失敗等により本格的な火災に発展し，従業員らにおいて適切な通報や避難誘導を行うことができないまま，建物の構造，避難経路等に不案内の

宿泊客らに死傷の危険の及ぶおそれがあることを容易に予見できたことが明らかである。したがって，被告人は，本件ホテル内から出火した場合，早期にこれを消火し，又は火災の拡大を防止するとともに宿泊客らに対する適切な通報，避難誘導等を行うことにより，宿泊客らの死傷の結果を回避するため，消防法令上の基準に従って本件建物の九階及び 10 階にスプリンクラー設備又は代替防火区画を設置するとともに，防火管理者である H を指揮監督して，消防計画を作成させて，従業員らにこれを周知徹底させ，これに基づく消防訓練及び防火用・消防用設備等の点検，維持管理等を行わせるなどして，あらかじめ防火管理体制を確立しておくべき義務を負っていたというべきである。そして，被告人がこれらの措置を採ることを困難にさせる事情はなかったのであるから，被告人において右義務を怠らなければ，これらの措置があいまって，本件火災による宿泊客らの死傷の結果を回避することができたということができる。

　以上によれば，右義務を怠りこれらの措置を講じなかった被告人に，本件火災による宿泊客らの死傷の結果について過失があることは明らかであり，被告人に対し業務上過失致死傷罪の成立を認めた原判断は，正当である」。

【解説】

　管理過失とは，物的・人的な防災体制（スプリンクラーの設置，避難訓練の実施等）の不備が過失を構成する場合をいう。これに対して**監督過失**とは，そのような防災体制を構築しなかった下位者に対する上位者の監督不行き届きが過失を構成する場合を指す。本件においてはそのいずれもが認められるが，厳密にいうと，管理・監督過失という特殊な過失犯の理論が存在するわけではなく，あくまで過失犯の一般理論によって過失犯の成否が決せられる。ただ，他の論点が複雑に絡み合いがちであるという事実上の理由によって，独自に主題化するのが通例となっているにすぎない。

　問題となりうる論点を列挙すると，第 1 に，**作為と不作為の区別**である。管理・監督過失の事例においては，しばしば**安全体制確立義務違反**が（過失犯における）実行行為とされるが，これは作為であろうか，それとも不作為であろうか。理論的に考察すると，それは現実に誰のどのようなふるまいが問題となっているかによって決せられるのであって，抽象的に，安全体制確立義務違反が作為か不作為かを問うことにはあまり意味がない。そして，本件のようにト

ップの罪責が問題となる場合には，具体的な被害者の死傷に結びつく積極的な作為を観念しがたいであろうから，安全体制確立義務違反は不作為の形態でしかとらえられないであろう。その場合，過失犯の一般的な成立要件に加え，作為義務を認定する作業が要求されることになる。

第2に，（責任要素としての）過失ないし**予見可能性**である。出火の原因がとくにその時期に行われていた火気を使用する高度に危険な工事であればともかく，社会に遍在する一般的な出火リスク（客の寝たばこ，厨房での火の不始末等）のあらわれにすぎない場合には，火災が発生して客が死亡することの具体的で高度の予見可能性までは肯定しえないのではないか，という点が問題になるのである。しかし，判例45の解説でも述べたように，予見対象である事象の発生確率が低いことから，予見可能性そのものまでもが抽象的であるとか，低度であるなどといったことは導かれないはずである。

第3に，これは事案にもよるが，**結果回避可能性**である。たとえば，たとえ避難訓練を実施していても，現実に当該具体的な被害者が救命されえたかは神のみぞ知る，という事態は十分に考えられるであろう。しかし，そうすると，結果回避可能性の欠如を理由にいずれの被害者の（たとえば）死亡についても罪責を問われない，ということになってしまうのであろうか。おそらくそれは不当であろうから，裁判所としては，犯情の軽い者から順に「少なくとも○○名は救命しえた」というかたちで被害者を特定し，結果回避可能性を認定するべきであろう。

第4に，これはとくに監督過失の事案を念頭においたものであるが，**信頼の原則**である。すなわち，監督義務は被監督者が過誤を犯しがちであるからこそ認められるのであって，そうだとすれば，監督者は信頼の原則を援用しえないのではないかが問題となるのである。一部の学説は監督関係に信頼の原則の適用を否定するが，通説・判例はこれを肯定しており，そちらのほうが妥当であろう。たしかに，監督義務の趣旨に照らせば，被監督者がおよそ過誤を犯さないと信頼することは許されないが，適切な指示，時宜にかなったチェックを行いさえすれば，その間，被監督者が指示に従って適切にふるまうであろうことまでは信頼してよく，それこそが監督義務の趣旨にもかなうからである。

第5に，これは出火の原因が殺意をもった第三者の放火等に求められる場合

を想定したものであるが，**正犯性**である。すなわち，そのような場合には，故意正犯の背後に過失正犯が成立することを認めない限り管理・監督過失を無罪とするほかないが，それでよいかが問題となるのである。一部の学説は，故意犯と異なり過失犯においては正犯と共犯の区別がなく，結果を客観的に帰属しうる限りすべて過失正犯として処罰しうる，と主張する（**統一的正犯概念**）。しかし，故意不法と過失不法は完全に共通するという多数説を前提とする限り，このような見解は採用しえない。したがって，故意正犯の背後に過失正犯が成立する余地は存在せず（不可罰な，過失による共犯となりうるにすぎない），ただ，放火後の避難誘導の過誤などをとらえて過失犯の成立を基礎づけるほかないことになる。

47. 管理・監督過失——列車脱線転覆事故

最決平成 29・6・12 刑集 71 巻 5 号 315 頁＝福知山線脱線転覆事故
事件

【事実】

　快速列車の運転士が制限速度を大幅に超過し，転覆限界速度をも超える速度
で同列車を曲線（本件曲線）に進入させたことにより同列車が脱線転覆し，多
数の乗客が死傷した。JR 西日本の歴代社長 3 名が業務上過失致死傷罪で強制
起訴された。

【決定要旨】

　「(1) 本件公訴事実は，JR 西日本の歴代社長である被告人らにおいて，ATS
整備の主管部門を統括する鉄道本部長に対し，ATS を本件曲線に整備するよ
う指示すべき業務上の注意義務があったのに，これを怠ったというものであり，
被告人らにおいて，運転士が適切な制動措置をとらないまま本件曲線に進入す
ることにより，本件曲線において列車の脱線転覆事故が発生する危険性を予見
できたことを前提とするものである。

　しかしながら，本件事故以前の法令上，ATS に速度照査機能を備えること
も，曲線に ATS を整備することも義務付けられておらず，大半の鉄道事業者
は曲線に ATS を整備していなかった上，後に新省令等で示された転覆危険率
を用いて脱線転覆の危険性を判別し，ATS の整備箇所を選別する方法は，本
件事故以前において，JR 西日本はもとより，国内の他の鉄道事業者でも採用
されていなかった。また，JR 西日本の職掌上，曲線への ATS 整備は，線路の
安全対策に関する事項を所管する鉄道本部長の判断に委ねられており，被告人
ら代表取締役においてかかる判断の前提となる個別の曲線の危険性に関する情
報に接する機会は乏しかった。JR 西日本の組織内において，本件曲線におけ
る脱線転覆事故発生の危険性が他の曲線におけるそれよりも高いと認識されて
いた事情もうかがわれない。したがって，被告人らが，管内に 2000 か所以上
も存在する同種曲線の中から，特に本件曲線を脱線転覆事故発生の危険性が高
い曲線として認識できたとは認められない。

(2)　なお，指定弁護士は，本件曲線において列車の脱線転覆事故が発生する危
険性の認識に関し，『運転士がひとたび大幅な速度超過をすれば脱線転覆事故

が発生する』という程度の認識があれば足りる旨主張するが，前記のとおり，本件事故以前の法令上，ATSに速度照査機能を備えることも，曲線にATSを整備することも義務付けられておらず，大半の鉄道事業者は曲線にATSを整備していなかったこと等の本件事実関係の下では，上記の程度の認識をもって，本件公訴事実に係る注意義務の発生根拠とすることはできない。

(3) 以上によれば，JR西日本の歴代社長である被告人らにおいて，鉄道本部長に対しATSを本件曲線に整備するよう指示すべき業務上の注意義務があったということはできない。したがって，被告人らに無罪を言い渡した第1審判決を是認した原判断は相当である」。

【解説】

　本判例は被告人らの注意義務を否定するにあたり，二段構えの論証を行っている。

　第1に，とくに本件曲線の危険性が高いのであれば，これを抑える一定の措置を講ずる必要があるかもしれないが，そもそもそのような危険性を被告人らは認識しえなかった，ということである。これは理論的に見れば，本件曲線をそのまま放置したことが不法を構成するかもしれないけれども，被告人らの責任要素としての予見可能性は肯定することができない，ということであろう。

　第2に，本件曲線に限らず，およそ曲線全般にATSを整備していれば運転士が暴走しても本件事故は防ぎえたであろうが，「運転士がひとたび大幅な速度超過をすれば……」などといった漠然としたリスクに対応するためにATSの全整備まで求めるのは過大な負担だ，ということである。これは理論的に見れば，そもそも不法がみたされないということであろう。

　以上のように，一口に注意義務を否定するといってもその構造は重層的であり，いったいいかなる根拠に基づいていかなる注意義務を否定するのか，そしてそれは理論的にはいかなる意味をもつのか，という問題意識を忘れてはならない。

48. 危険の引受け

千葉地判平成7・12・13判時1565号144頁＝ダートトライアル
事件

【事実】

　被告人はダートトライアルの初心者であり，被害者は7年程度のダートトラ
イアル経験があった。

　本件当日，走行会に参加した被告人は，車両の整備を終えて運転席でスター
トの順番を待っていたところ，この日，整備のために参加していた被害者が誰
かの車に乗りたいといったことから，順番の早かった被告人の車両に同乗して
もらうことになった。被害者は本件車両の助手席に乗ってシートベルトを締め
た。このとき，被告人も被害者もヘルメット，両手グローブ，長袖，長ズボン
を着用していた。

　被告人は従来，直線コースでギアを2速までしか入れたことがなかったが，
スタート前に被害者に何速まで入れるか尋ねたところ，被害者が自分は3速ま
で入れるといったので，3速まで入れて走ろうと考えた。被告人はコースの途
中，被害者の指示でギアを2速に入れ，上り坂のカーブを時速40km位で曲
がり，若干下り坂の直線に入ってまもなく，被害者からサードに入れるように
いわれて3速に入れ，時速70から80km位に加速した。次いで，被害者から
「ブレーキしろ」，あるいは「ブレーキ踏んで，スピード落として」といわれ，
ブレーキを強めに踏んだが，約40m先でブレーキを離した（被害者の指示はな
い）。このとき，時速40km位に落ちていた。

　ところが，左カーブの下り急勾配のため車両は加速しながら右側にふくらみ，
左にハンドルを切ったが（被告人は以前，ブレーキを踏んだままハンドルを切ると
スリップすると教えられていたので，ブレーキはかけなかったという），さらに加
速しながら右側の土手に接近した。被告人は衝突の危険を感じ，急ブレーキを
かけハンドルを左に切ったが，今度は車両後部が右に振られ，左側の土手に向
かった。そこで，強くブレーキをかけながらハンドルを右に切ったが，左側の
山肌に車両左後部を接触させ，次いで右方に向かい，コース右端の丸太の防護
柵に車両前部を激突させた。

　激突後の経過は確定できないが，車両右前部が丸太横木に当たって横木の一

部を破壊して外し，その結果，丸太の縦の支柱が突き出して残り，そこに車体が助手席側面から倒れかかって，支柱が助手席窓ガラスを割って突き刺さり，これが被害者の頸部および胸部等に当たった可能性が最も高い。なお，丸太の防護柵は3連あり，それぞれ若干の盛土の上に長さ数mの丸太の横木を2本積んだもので，この横木は針金や釘で丸太またはH鋼の支柱に固定されていた。防護柵の外側は進路手前側が崖で，進路前方側は下り斜面の山林になっていた。

【判旨】

「被害者は，3速での高速走行の結果生じうる事態，すなわち，その後の対応が上中級者からみれば不手際と評価しうる運転操作となり，転倒や衝突，そして死傷の結果が生ずることについては，被告人の重大な落ち度による場合を除き，自己の危険として引き受けた上で同乗していたと認めることができる。そして，3速走行に入った後の被告人は……減速措置が足りなかったことも一因となって，ハンドルの自由を失って暴走し，本件事故を引き起こしているが，この経過は被害者が引き受けていた危険の範囲内にあり，他方，その過程に被告人の重大な落ち度があったとまではいえない……右の理由から，本件については違法性の阻却が考えられるが，更に，被害者を同乗させた本件走行の社会的相当性について検討する。

　前述のとおり，ダートトライアル競技は既に社会的に定着したモータースポーツで，JAFが定めた安全確保に関する諸ルールに従って実施されており，被告人の走行を含む本件走行会も一面右競技の練習過程として，JAF公認のコースにおいて，車両，走行方法及び服装もJAFの定めたルールに準じて行われていたものである。そして，同乗については，競技においては認められておらず，その当否に議論のありうるところではあるが，他面，競技においても公道上を走るいわゆる『ラリー』では同乗者が存在しており……また，ダートトライアル走行の練習においては，指導としての意味があることから他のコースも含めてかなり一般的に行われ，容認されてきた実情がある。競技に準じた形態でヘルメット着用等をした上で同乗する限り，他のスポーツに比べて格段に危険性が高いものともいえない。また，スポーツ活動においては，引き受けた危険の中に死亡や重大な傷害が含まれていても，必ずしも相当性を否定すること

はできない。

　これらの点によれば，被害者を同乗させた本件走行は，社会的相当性を欠くものではないといえる……以上のとおり，本件事故の原因となった被告人の運転方法及びこれによる被害者の死亡の結果は，同乗した被害者が引き受けていた危険の現実化というべき事態であり，また，社会的相当性を欠くものではないといえるから，被告人の本件走行は違法性が阻却されることになる」。

【解説】

　危険の引受けとは，被害者が法益侵害まで認識しつつこれを甘受している同意の場合とは異なり，単に法益が危険にさらされるところまでしか認識，甘受していないとき，その危険が現実化して被害者の望まない法益侵害までが発生した場合において，いかにして行為者を可罰性から解放するか（あるいは可罰性を制限するか）という主題である。

　ある見解は，危険の引受けの多くの場合，実は被害者の現実の同意が認められるのであり，反対に，そうでない限り，行為者の可罰性の阻却（・制限）はせいぜいのところ故意や過失の否定によるしかない，という（通常，危険の引受けが認められるとも思われる事案において，業務上過失致死罪〔現211条前段〕の成立を肯定した判例として，最決昭和55・4・18刑集34巻3号149頁＝坂東三津五郎ふぐ中毒死事件を参照）。しかし，そのような見解は，一方において被害者の同意の許されない擬制につながりかねず，他方において，被害者がみずからを危険にさらす行為の遂行までは許容しているという事実を軽視しすぎているきらいがある。

　そこで別の見解は，そのような行為遂行の許容をてこにして，「いったん危険な行為の遂行を許容しておきながら，まさにその危険が現実化した段階で，『やはり危険を冒すのはなしにする』などと前言を翻すのは許されない矛盾挙動である」というところから，法益侵害の惹起までを許容しようとする。本判例も基本的には同様の発想を基礎におくものと評価しえよう（なお，本判例は同時に「被告人の重大な落ち度」がなかったことを認定しているが，被害者が「被告人の重大な落ち度」のリスクまで引き受けるのは自由なのだから，それを危険の引受けのロジックの内在的な限界ととらえるのは正しくない。単に，「被告人の重大な落ち度」があれば，それ自体が業務上過失致死罪を基礎づけうる旨，述べたもの

ととらえるべきであろう）。

　なお，本判例は，この危険の引受けのロジックに加えて**社会的相当性**の観点についても言及している。その中核は，ダートトライアルが社会的に確立されたスポーツであることのようであるが，新規で馴染みのないスポーツであったり，厳密にスポーツに分類しにくい活動であったり，あるいは，ルールがいまだ整備されていない分野であったりしても，被害者が危険を正確に認識してさえいれば，ただちに正当化を排除してしまうことが適切であるとは思われない。したがって，この部分の判示にはやや疑問が残るところである。

　ところで，202条との関係で，被害者の引き受けた危険が生命に対する具体的なものであった場合には，その可罰性阻却効果を制限すべきであるとの議論もなされている。たしかに，自殺への関与が処罰されるのであれば，みずからの生命を具体的な危険にさらすことへの関与も処罰される，というのは見やすい道理であろう。ただし，そうであるとしても，「過失による自殺関与」が不可罰である以上，危険の引受けの主要な領域を形成する，「過失による自己の生命危殆化への関与」もまた不可罰と解すべきである。

49. 業務上過失致死傷罪における「業務」の意義

最決昭和 60・10・21 刑集 39 巻 6 号 362 頁

【事実】

　ウレタンフォームの加工販売業を営む会社の工場部門の責任者として，易燃物であるウレタンフォームを管理するうえで当然にともなう火災防止の職務に従事していた被告人が，火を失し，死者をともなう火災を発生させた。

【決定要旨】

　「刑法 117 条の 2 前段にいう『業務』とは，職務として火気の安全に配慮すべき社会生活上の地位をいうと解するのが相当であり（最高裁昭和 30 年（あ）第 4124 号同 33 年 7 月 25 日第二小法廷判決・刑集 12 巻 12 号 2746 頁参照），同法 211 条前段にいう『業務』には，人の生命・身体の危険を防止することを義務内容とする業務も含まれると解すべきである」。

【解説】

　伝統的な判例によれば，業務上過失致死傷罪（現 211 条前段）における「業務」とは，「本来人が社会生活上の地位に基き反覆継続して行う行為であつて（昭和 25 年（れ）146 号同 26 年 6 月 7 日第一小法廷判決，集 5 巻 7 号 1236 頁参照），かつその行為は他人の生命身体等に危害を加える虞あるものであることを必要とするけれども，行為者の目的がこれによつて収入を得るにあるとその他の欲望を充たすにあるとは問わないと解すべきである」（最判昭和 33・4・18 刑集 12 巻 6 号 1090 頁）。もっとも，これだけでは危険防止業務が除かれるようにも読めることから，本判例は明示的にこれを補完したものと評価しうる。

　学説には，業務上過失を重過失に解消するものもある。すなわち，業務者は往々にして不法を容易に予見しうることから，重過失の一類型を括り出したにすぎないというのである。しかし，立法論としてであればともかく，解釈論としてこのような見解を主張することは困難であろう。業務者であっても不法を容易に予見しえないケースはいくらでも観念することができ，にもかかわらず，その場合でも業務上過失は肯定されざるをえないからである。

　そこで，業務上過失は次のようにとらえることができる。すなわち，類型的に見て高度の危険を含んでおり，かつ，それが私的な領域にとどまらないがゆえに，行為者による危険防止に対する公共的な信用を重いサンクションによっ

て確保しなければならないとき，業務性が肯定され，その間の過誤が業務上過失を基礎づける，と。ここからも分かるように，過失は責任要素であるとしても，業務性そのものは違法要素と解すべきことになる。

そして，判例の掲げる業務性の要件もこのような観点から説明することが自然である。たとえば，社会生活上の地位とは前記公共性を指示しており，危害のおそれや反覆継続性は前記高度の危険を指示するものと解することができる。さらに，**免許制度**が採用されているところでは，法が当該活動に対して作為的に公共性を付与していると考えられ，娯楽のために銃器を用いてなす狩猟行為が業務とされる理由もそこにある。**自動車の運転**も同様であるが，こちらについては特別法（自動車運転死傷行為処罰法）上の**過失運転致死傷罪**（同法5条）によって捕捉されている。もっとも，反対にいうと，運転にあたらない自動車の操作等にかかる過誤から人の死傷が生じれば，なお業務上過失致死傷罪が成立しうることになる。

50. 期待可能性

最判昭和 33・7・10 刑集 12 巻 11 号 2471 頁

【事実】

被告人 A が被告人会社の業務に関し，失業被保険者の賃金から失業保険法 33 条（当時）の規定により控除された保険料を，いずれも同法所定の納付期日までに納付しなかった。

【判旨】

「53 条 2 号に『被保険者の賃金から控除した保険料をその納付期日に納付しなかつた場合』というのは，法人又は人の代理人，使用人その他の従業者が，事業主から保険料の納付期日までに被保険者に支払うべき賃金を受けとり，その中から保険料を控除したか，又はすくなくとも事業主が保険料の納付期日までに，右代理人等に，納付すべき保険料を交付する等，事業主において，右代理人等が納付期日に保険料を現実に納付しうる状態に置いたに拘わらず，これをその納付期日に納付しなかつた場合をいうものと解するを相当とし，そのような事実の認められない以上は，事業主本人，事業主が法人であるときはその代表者が，53 条 2 号，55 条により 32 条違反の刑責を負う場合のあるのは格別，その代理人，使用人その他の従業者については，前記 53 条に規定する犯罪の構成要件を欠くものというべきである」。

【解説】

期待（不）可能性とは，もともと**心理的責任論**を克服しようとする初期の学説の動きの中で出てきた概念である。すなわち，かつて責任とは行為者の心理状態を把握するものとされ，故意・過失という 2 種類の責任形式によって構成された。これを心理的責任論という。そして，それがなければ責任を肯定しえないものの，必ずしも行為者心理に属するとはいえない責任能力は，責任の要素そのものではなくあくまで**責任の前提**とされたのである。

しかし，前記学説によれば，そのように解したのでは責任において真に考慮すべき事柄をとらえ損なっている。たとえば，重い病気に冒され，死が間近に迫っている母親に効く唯一の，しかし高価な薬を購入するため，スーパーのレジ係がレジ内の金銭を窃取した場合，レジ係がパチンコで遊ぶ金欲しさにそうした場合よりも明らかに責任が軽いであろう。ところが，心理的責任論によっ

てはそのような責任の軽重を区別することができない。そこで，刑法がどの程度，違法行為をやめることを行為者に期待しえたかもまた責任に影響するものと解すべきである。こうして，行為者を取り巻く事情が異常な前者の場合には期待可能性が低く，それゆえ責任が軽いという結論を導くことが可能となる。前記学説はこのようにいうのである。

　もっとも，刑法理論が当時よりはるかに発展した今日においては，このような生の当罰性感覚をそのまま責任に持ち込むことは適切でない。すなわち，期待可能性はそれ自体が責任の大小に影響するというよりも，むしろ，責任を構成するさまざまな要素の有無，大小を規制する機能的な原理（これを**規制原理**という）ととらえるべきであろう。たとえば，非強壮性情動に基づく過剰防衛は，防衛行為の必要性・相当性を逸脱する程度がわずかである限り刑を免除すべきだといわれるが，そこで考慮されるべきファクターのひとつとしてしばしば援用される期待可能性は，精神的圧迫による動機づけ可能性の低減や，法益敵対性が発現する程度の低さを導くメタ原理にほかならない。

　また，期待可能性が論じられるとき，常に，責任にかかわる本来の概念としてのそれが意図されているとは限らない。たとえば，不作為犯においては例外的に，作為義務すなわち構成要件該当性を認定する段階ですでに期待可能性が考慮され，これをいいあらわしたものが**作為容易性**の要件だといわれることがある。しかし，作為容易性とは，不作為の処罰が例外的な事態であることにかんがみ，行為者に過度の負担を課する作為の義務づけを避けようとする，あくまで不法にかかわる要件にほかならない。そして，本来的な意味における期待可能性は，もちろん，不作為犯においても責任の段階できちんと考慮されるのである。

　本判例は構成要件該当性を否定しており，実質的にはこの作為容易性を論じたものだと解されている。もっとも，検察官の主張が行為概念のレベルで不可能な作為を命じようとするものだとすれば，むしろ，作為可能性という意味での構成要件該当性が欠けると解すべきであろう。

51. 実行の着手──窃盗罪①

最決昭和40・3・9刑集19巻2号69頁

【事実】

　被告人が被害者方店舗内において所携の懐中電灯により店内を照らしたところ，電気器具類が積んであることは分かったが，なるべく金を取りたいので自己の左側に認めた煙草売場のほうに行きかけた際，被害者らが帰宅し，被告人を発見して取り押さえようとした被害者Aの胸部を所携の果物ナイフで突き刺して同人を死亡させ，被害者Bに傷害を負わせた。

【決定要旨】

　「被告人は昭和38年11月27日午前0時40分頃電気器具商たる本件被害者方店舗内において，所携の懐中電燈により真暗な店内を照らしたところ，電気器具類が積んであることが判つたが，なるべく金を盗りたいので自己の左側に認めた煙草売場の方に行きかけた際，本件被害者らが帰宅した事実が認められるというのであるから，原判決が被告人に窃盗の着手行為があつたものと認め，刑法238条の『窃盗』犯人にあたるものと判断したのは相当である」。

【解説】

　まず注意を要するのは，本件で問題とされているのが事後強盗致死傷罪（238，240条）の成否であるにもかかわらず，標題が窃盗罪（235条）における実行の着手になっていることである。これは，窃盗が（不可罰な）予備の段階にとどまっていれば，家人の殺傷は傷害致死罪（205条）（または殺人罪〔199条〕）および傷害罪（204条）（または殺人未遂罪〔199，203条〕）にとどまるのに対し，窃盗未遂（235，243条）の段階に至っていれば事後強盗致死傷罪までが成立しうるためである。このように，実行の着手（43条本文）時期は当該未遂犯そのものの可罰性を基礎づけるにとどまらず，一部の結果的加重犯においてはさらなる重罰化をもたらすという点で，実際上も非常に重要な意義を有している。

　さて，実行の着手（未遂犯の成立時期）がどの段階で認められるかに関しては，かつて主観説と客観説の対立があった。主観説は新派の発想を基礎においており，犯意の飛躍的表動があれば行為者の危険性が十分外部にあらわれたものとして実行の着手を肯定した。しかし，新派が廃れるにつれて客観説が有力

化し，中でも，基本的構成要件該当行為＝実行行為の開始を実行の着手と連動
させる**形式的客観説**は，その明快さと処罰限定機能により一時，学説において
多くの支持を集めた。もっとも，実行行為の開始時期と実行の着手時期とを連
動させる理論的な必然性は存在しないほか，形式的客観説によれば未遂犯の成
立時期が遅くなりすぎることも問題とされた。たとえば，本件においても，煙
草売場にあるレジを開け，中にある金銭に手を伸ばしてあと 1 cm という段階
で捕まっても，なお窃盗未遂罪が成立しないこととなりかねず，到底妥当とは
思われない。

　こうして，今日においては**実質的客観説**が多数説を形成するものとされてい
る。それによれば，基本的構成要件該当行為またはこれに接着する行為にとり
かかることで，基本的構成要件実現の具体的・現実的危険性が生じた場合に実
行の着手が肯定される，というのである。その具体的な適用は各論に譲らざる
をえないが，たとえば，本件について見ると，すでに店舗に侵入した者が煙草
売場のほうに行きかけるというのは，ただちに特段の障害なく，同売場に存す
るであろう金銭を取得しうることを指し示しているのであるから，同金銭の占
有取得に接着する行為にとりかかることで同金銭の占有を取得する具体的・現
実的危険性を生じさせたものといえ，窃盗罪における実行の着手を肯定するこ
とが可能であろう。

　近年，窃盗の着手時期がさかんに争われているのは，特殊詐欺における「す
り替え事案」をめぐってである。たとえば，高齢の被害者に金融庁職員を騙っ
て電話をかけ，「あなたの銀行口座が悪用されている。ついては，これからお
宅に封筒を持たせた部下を差し向けるので，あなたは渡された封筒にキャッシ
ュカードを入れて厳重に保管してほしい」などとうそを述べ，その後，実際に
被害者宅を訪ねた（部下を詐称する）共犯者が隙を見て，被害者がカードを入
れた封筒を事前に用意したそっくりの封筒とすり替え，カード入りの封筒のほ
うを窃取する，というケースがこれにあたる。そして，事案を少し修正して詐
欺にすればうそ電話の時点で着手が認められるところ，窃盗の場合にも同様に
解さなければバランスが悪いとして，うそ電話の時点で窃盗の着手を認める立
場が有力化している。もっとも，このように生の当罰性感覚を持ち出すだけで
は論証として不十分であり，事案の特性を考慮しつつも，あくまで，すり替え

との密接性およびすり替えの危険性をうそ電話の時点で認定する努力をすべきであろう（詳細は判例 52 を参照）。

52. 実行の着手——窃盗罪②

最決令和４・２・14 裁判所ウェブサイト

【事実】

「(1) 警察官になりすました氏名不詳者は，令和元年６月８日午後２時過ぎ頃，被害者宅に電話をかけ，被害者に対し，『詐欺の被害に遭っている可能性があります。』『被害額を返します。』『それにはキャッシュカードが必要です。』『金融庁の職員があなたの家に向かっています。』『これ以上の被害が出ないように，口座を凍結します。』『金融庁の職員が封筒を準備していますので，その封筒の中にキャッシュカードを入れてください。』『金融庁の職員が，その場でキャッシュカードを確認します。』『その場で確認したら，すぐにキャッシュカードはお返ししますので，３日間は自宅で保管してください。』『封筒に入れたキャッシュカードは，３日間は使わないでください。』『３日間は口座からのお金の引出しはできません。』などと告げた（以下，これらの文言を「本件うそ」という。）。

(2) 指示役の指示に基づき山形県西村山郡Ａ町内の量販店で待機していた被告人は，同日午後４時10分頃，指示役の合図により，徒歩で，同町内の被害者宅の方に向かった。しかし，被告人は，同日午後４時18分頃，被害者宅まで約140ｍの路上まで赴いた時点で，警察官が後をつけていることに気付き，指示役に指示を求めるなどして犯行を断念した。

(3) 氏名不詳者らは，警察官を装う者が，被害者に電話をかけ，被害者のキャッシュカードを封筒に入れて保管することが必要であり，これから訪れる金融庁職員がこれに関する作業を行う旨信じさせるうそを言う一方，金融庁職員を装う被告人が，すり替えに用いるポイントカードを入れた封筒（以下「偽封筒」という。）を用意して被害者宅を訪れ，被害者に用意させたキャッシュカードを空の封筒に入れて封をした上，割り印をするための印鑑が必要である旨言って被害者にそれを取りに行かせ，被害者が離れた隙にキャッシュカード入りの封筒と偽封筒とをすり替え，キャッシュカード入りの封筒を持ち去って窃取することを計画していた（以下，この計画を「本件犯行計画」という。）。警察官になりすました氏名不詳者は，本件犯行計画に基づいて，被害者に対し本件うそを述べたものであり，被告人も，同計画に基づいて，被害者宅付近路上まで赴

いたものである」。

【決定要旨】

「本件犯行計画上，キャッシュカード入りの封筒と偽封筒とをすり替えてキャッシュカードを窃取するには，被害者が，金融庁職員を装って来訪した被告人の虚偽の説明や指示を信じてこれに従い，封筒にキャッシュカードを入れたまま，割り印をするための印鑑を取りに行くことによって，すり替えの隙を生じさせることが必要であり，本件うそはその前提となるものである。そして，本件うそには，金融庁職員のキャッシュカードに関する説明や指示に従う必要性に関係するうそや，間もなくその金融庁職員が被害者宅を訪問することを予告するうそなど，被告人が被害者宅を訪問し，虚偽の説明や指示を行うことに直接つながるとともに，被害者に被告人の説明や指示に疑問を抱かせることなく，すり替えの隙を生じさせる状況を作り出すようなうそが含まれている。このような本件うそが述べられ，金融庁職員を装いすり替えによってキャッシュカードを窃取する予定の被告人が被害者宅付近路上まで赴いた時点では，被害者が間もなく被害者宅を訪問しようとしていた被告人の説明や指示に従うなどしてキャッシュカード入りの封筒から注意をそらし，その隙に被告人がキャッシュカード入りの封筒と偽封筒とをすり替えてキャッシュカードの占有を侵害するに至る危険性が明らかに認められる。

　このような事実関係の下においては，被告人が被害者に対して印鑑を取りに行かせるなどしてキャッシュカード入りの封筒から注意をそらすための行為をしていないとしても，本件うそが述べられ，被告人が被害者宅付近路上まで赴いた時点では，窃盗罪の実行の着手が既にあったと認められる。したがって，被告人について窃盗未遂罪の成立を認めた第1審判決を是認した原判断は正当である」。

【解説】

　議論の前提として，本件時点より前に窃盗罪の実行の着手が認められる余地はないと思われる。「実行の着手が既にあった」というのは判例が未遂犯の成立を肯定する際にしばしば用いる慣用表現にすぎず，着手時期をさかのぼらせる特段の含意はないと見るべきであろう。また，本件時点において明示的に，実行の着手の要件と解されていると思われる（既遂到達の）「危険性」が認定さ

れていることも，先の理解を裏書きしている。そして，そうであるとすれば，次の2点，すなわち，第1に，なぜ着手時期が詐欺事案よりも遅いのか（詐欺事案ならばうそ電話の時点で着手が認められうる），第2に，なぜ着手時期が通常の侵入盗事案よりも早いのか（金品満載の土蔵などは別として，一般的な家屋ならば侵入後の物色や，レジなど金品保管場所への接近があるまで着手は認められない），が疑問として浮上してくる。以下，それぞれについて解説する。

　まず第1の点については，詐欺罪が欺罔行為を手段として，被害者を客体の占有移転のむしろ協力者に仕立て上げるという不法構造を有しており，それゆえ，欺罔行為の時点で既遂到達の深刻な危険性が生み出されがちであること，および，詐欺罪が取引犯罪であり，取引慣習上，間もなく期限が到来するといえさえすれば危険が現実性を帯びたものと評価しうること，が重要であろう。反対にいうと，窃盗罪においては，たとえ被害者の気を逸らせたところで，被害者が依然として客体の占有を保持しようと考えている点に変わりはなく，難度が下がったとはいえ，あくまで行為者による能動的な占有奪取行為がなお必要であることは見逃せない。また，その占有奪取の危険性を現実的なものと評価するためには，やはり，物理的に見て行為者の「手」が客体に迫ってきていることが要求されるべきであろう。

　次に第2の点については，本件事案ではうそ電話により，本来ならば客体の占有奪取に対する障壁となるべき家屋扉や客体保管手段がその機能を喪失しており，さらに悪いことに，被害者自身が進んでそうしているという意味において，前記機能の監視者までもが実質的に消されてしまっていることが重要である。インターホンを押せば被害者が扉を開けて招き入れてくれ，頼めば目前に客体を持参したうえで一時離席してくれるというのでは，もはや客体が監視者なしに裸で置かれているのと径庭がなかろう。被害者宅に近づくだけで窃盗未遂という本判例の価値判断は，このようにして正当化しうるように思われる。

　なお，これまで判例は実行の着手を認めるにあたり，既遂到達の（客観的な）危険性に加え，被告人が犯行計画上なすべきであった最終的行為に「密接な」行為まで行っていることを要求してきたと解されている。そして，判例54などを契機として，判例において時折用いられる「直接」性という表現もまた，この「密接」性と基本的には同義だと分析されることもあった。もっと

も，本判例を見る限り，「直接」性にそこまでの含意はなく，単に事実認定に際して用いられる慣用表現ととらえるほうが適当であろう。

53. 実行の着手——（旧）強姦罪

最決昭和 45・7・28 刑集 24 巻 7 号 585 頁

【事実】

被告人がほか 1 名と共謀のうえ，夜間 1 人で道路を通行中の婦女を強姦しようと企て，共犯者とともに，必死に抵抗する同女を被告人運転のダンプカーの運転席に引きずり込み，発進して同所から約 5,800 m 離れた場所に至り，運転席内でこもごも同女を強姦した。なお，前記ダンプカー運転席に同女を引きずり込む際の暴行により，同女に全治まで約 10 日間を要した左膝蓋部打撲症等の傷害を負わせている。

【決定要旨】

「被告人が同女をダンプカーの運転席に引きずり込もうとした段階においてすでに強姦に至る客観的な危険性が明らかに認められるから，その時点において強姦行為の着手があつたと解するのが相当であり，また，同女に負わせた右打撲症等は，傷害に該当すること明らかであつて（当裁判所昭和 38 年 6 月 25 日第三小法廷決定，裁判集刑事 147 号 507 頁参照），以上と同趣旨の見解のもとに被告人の所為を強姦致傷罪にあたるとした原判断は，相当である」。

【解説】

本件においても，問題とされているのは（旧）強姦未遂罪（旧 177 条前段，179 条）そのものではなく（旧）強姦致傷罪（旧 181 条 2 項）の成否であるが，同罪は，（旧）強姦罪（旧 177 条前段）における実行の着手が認められてはじめて成立しうるという意味で，実質的には強姦未遂罪の成立時期が争われることとなった。

さて，かりに，ダンプカー運転席に被害者を引きずり込む暴行が強姦罪の基本的構成要件に該当する実行行為の一部としての暴行と評価しうるならば，その段階で強姦罪における実行の着手を肯定することに特段の障害は存しないであろう。現に，ダンプカー運転席はその内部でただちに姦淫をなしうるほどのスペースを有していたわけであるから，被告人らがその気になりさえすれば，引きずり込む暴行を手段として被害者を姦淫することも可能であったと思われる（反対に，そのスペースが絶対的に不足していたのであれば，たとえ被告人らにその気があったとしても，前記暴行は強姦未遂罪を基礎づけえず不可罰な不能犯に

とどまる)。しかし，問題は，被告人らの**犯行計画**が，あくまで，いったん約5,800 m 離れた場所まで移動してから姦淫するものだった，ということである。

学説には，このような行為者の純然たる主観面を実行の着手時期に影響させることを嫌い，客観的な事情のみを基礎として既遂到達の具体的・現実的危険性の有無を判断すべきだ，というものもある。そのような見解が危惧する判断の不安定さ，自白偏重等のおそれにまったく根拠がないわけではないが，その点を認めたとしても，ここではむしろ被告人に有利な——つまり，実行の着手時期を遅らせる——かたちでその主観面を考慮しているのであるから，主観面とはいえ，客観的な危険性に明らかに影響を与える要素をわざわざ考慮の外におくメリットは観念しがたいであろう。

このように解すると，引きずり込む暴行を強姦罪の実行行為の一部としての暴行と評価することは不可能であるから，その段階で実行の着手を肯定するためには，①引きずり込む行為が強姦罪の実行行為に密接に連なる行為であることと，②それにより強姦罪が既遂に達する具体的・現実的危険性の生じたことを示さなければならない。このうち，②についてはそれほど大きな問題はないであろう。むしろ，より重要なのは①のほうである。

たしかに，いったん被害者をダンプカー運転席に引きずり込みさえすれば，最終的な強姦に至るまで事態は自動的に進行するに近く，途中で障害が介入するおそれもほとんどない。しかし，そうだとすると，被害者を運転席に強引に引きずり込むのではなく甘言を弄して誘い込むのであっても，それが成功する確率の高い巧妙なものでありさえすれば，まったく同じ理屈によりその段階で強姦罪における実行の着手が肯定されるはずである（むろん，その場合にはけがはしないであろうから強姦致傷罪の成立は考えがたい）。そして，それはやや違和感の残る帰結であるともいえる。

一部の学説は，そのような違和感は仮象のものであり，甘言を弄して誘い込む段階で強姦未遂罪が成立することは正当だと主張する。しかし，粗暴犯の典型例が甘言によって始められる，というのはあまり座りの良い解釈ではない。やはり，①の要求される実質的な趣旨にかんがみることが必要であろう。そして，①が，場合によっては既遂犯と同等の処断刑を正当化しうるほど行為者の不法に対する傾向性が外部化していることを指し示す要件であるとすれば，粗

暴犯においては，何がしか「粗暴な行為」に出るかたちでそのような傾向性を外部化していることが必要であるように思われる。

54. 実行の着手——詐欺罪

最判平成30・3・22刑集72巻1号82頁

【判旨】

「(1)　本件の事実関係

　第1審判決及び原判決の認定並びに記録によると，本件の事実関係は，次のとおりである。

ア　長野市内に居住する被害者は，平成28年6月8日，甥になりすました氏名不詳者からの電話で，仕事の関係で現金を至急必要としている旨の嘘を言われ，その旨誤信し，甥の勤務する会社の系列社員と称する者に現金100万円を交付した。

イ　被害者は，平成28年6月9日午前11時20分頃，警察官を名乗る氏名不詳者からの電話で，『昨日，駅の所で，不審な男を捕まえたんですが，その犯人が被害者の名前を言っています。』『昨日，詐欺の被害に遭っていないですか。』『口座にはまだどのくらいの金額が残っているんですか。』『銀行に今すぐ行って全部下ろした方がいいですよ。』『前日の100万円を取り返すので協力してほしい。』などと言われ（1回目の電話），同日午後1時1分頃，警察官を名乗る氏名不詳者らからの電話で，『僕，向かいますから。』『2時前には到着できるよう僕の方で態勢整えますので。』などと言われた（2回目の電話）。

ウ　被告人は，平成28年6月8日夜，氏名不詳者から，長野市内に行くよう指示を受け，同月9日朝，詐取金の受取役であることを認識した上で長野市内へ移動し，同日午後1時11分頃，氏名不詳者から，被害者宅住所を告げられ，『お婆ちゃんから金を受け取ってこい。』『29歳，刑事役って設定で金を取りに行ってくれ。』などと指示を受け，その指示に従って被害者宅に向かったが，被害者宅に到着する前に警察官から職務質問を受けて逮捕された。

エ　警察官を名乗って上記イ記載の2回の電話をかけた氏名不詳者らは，上記ア記載の被害を回復するための協力名下に，警察官であると誤信させた被害者に預金口座から現金を払い戻させた上で，警察官を装って被害者宅を訪問する予定でいた被告人にその現金を交付させ，これをだまし取ることを計画し，その計画に基づいて，被害者に対し，上記イ記載の各文言を述べたものであり，被告人も，その計画に基づいて，被害者宅付近まで赴いたものである。

(2) 本件における詐欺罪の実行の着手の有無

　本件における，上記（1）イ記載の各文言は，警察官を装って被害者に対して直接述べられたものであって，預金を下ろして現金化する必要があるとの嘘（1回目の電話），前日の詐欺の被害金を取り戻すためには被害者が警察に協力する必要があるとの嘘（1回目の電話），これから間もなく警察官が被害者宅を訪問するとの嘘（2回目の電話）を含むものである。上記認定事実によれば，これらの嘘（以下「本件嘘」という。）を述べた行為は，被害者をして，本件嘘が真実であると誤信させることによって，あらかじめ現金を被害者宅に移動させた上で，後に被害者宅を訪問して警察官を装って現金の交付を求める予定であった被告人に対して現金を交付させるための計画の一環として行われたものであり，本件嘘の内容は，その犯行計画上，被害者が現金を交付するか否かを判断する前提となるよう予定された事項に係る重要なものであったと認められる。そして，このように段階を踏んで嘘を重ねながら現金を交付させるための犯行計画の下において述べられた本件嘘には，預金口座から現金を下ろして被害者宅に移動させることを求める趣旨の文言や，間もなく警察官が被害者宅を訪問することを予告する文言といった，被害者に現金の交付を求める行為に直接つながる嘘が含まれており，既に100万円の詐欺被害に遭っていた被害者に対し，本件嘘を真実であると誤信させることは，被害者において，間もなく被害者宅を訪問しようとしていた被告人の求めに応じて即座に現金を交付してしまう危険性を著しく高めるものといえる。このような事実関係の下においては，本件嘘を一連のものとして被害者に対して述べた段階において，被害者に現金の交付を求める文言を述べていないとしても，詐欺罪の実行の着手があったと認められる。

　したがって，第1審判決が犯罪事実のとおりの事実を認定して詐欺未遂罪の成立を認めたことは正当であって，第1審判決に理由不備の違法があるとして，これを破棄した原判決には，法令の解釈適用を誤った違法があり，この違法は判決に影響を及ぼすことが明らかであって，原判決を破棄しなければ著しく正義に反するものと認められる」。

【解説】

　判例実務がいかなる考慮に基づいて実行の着手時期を判定しているかについ

ては，さまざまな見解が対立しているが，有力な見解によれば，それは次の2つの考慮に集約されるという。すなわち，第1に，既遂到達の具体的・現実的危険性が発生したことである。これがなければ，犯罪の既遂に近しい被害の実態が存在しないにもかかわらず，未遂として，既遂と同等の処断刑が科されうることになり，あまりにも主観主義的である。第2に，行為者の犯行計画に基づき，既遂到達に必要となる行為をすべてなし終えたのと，価値的に同視しうる段階まで行為者が歩を進めていることである。これがあってはじめて，やはり，未遂犯にふさわしい当罰性が備わることになる。

　本判例も基本的にはこのような判例実務の流れに沿うものであり，まず第1の考慮に関しては，既遂到達の「危険性を著しく高める」ことが明確に認定されている。次に第2の考慮に関しても，詐欺が既遂に達するために，被告人がしなければならない最後の行為である，「被害者に現金の交付を求める行為」に直接つながる嘘というかたちで認定されており，ここにいう「直接」性は，従前の判例が用いてきた「密接」性と基本的に同義だと思われる。

　ただし，第2の考慮がすでに1回目の電話の段階でみたされているかには疑問もあり，本判例に付された山口厚裁判官の補足意見もまた同様の疑問を示しているところである。

55. 早すぎた構成要件の実現

最決平成 16・3・22 刑集 58 巻 3 号 187 頁＝クロロホルム事件

【事実】

　事故を装い死亡保険金を詐取するため，クロロホルムを吸引させて V を失神させ，自動車に乗せて所定の場所まで運んだうえ，自動車ごと水中に転落させて溺死させる計画を立て，これを実行したが，V の死因は水中での溺死あるいはクロロホルム吸引による死亡のいずれかであるとしか特定できない。

【決定要旨】

　「実行犯 3 名の殺害計画は，クロロホルムを吸引させて V を失神させた上，その失神状態を利用して，V を港まで運び自動車ごと海中に転落させてでき死させるというものであって，第 1 行為は第 2 行為を確実かつ容易に行うために必要不可欠なものであったといえること，第 1 行為に成功した場合，それ以降の殺害計画を遂行する上で障害となるような特段の事情が存しなかったと認められることや，第 1 行為と第 2 行為との間の時間的場所的近接性などに照らすと，第 1 行為は第 2 行為に密接な行為であり，実行犯 3 名が第 1 行為を開始した時点で既に殺人に至る客観的な危険性が明らかに認められるから，その時点において殺人罪の実行の着手があったものと解するのが相当である。また，実行犯 3 名は，クロロホルムを吸引させて V を失神させた上自動車ごと海中に転落させるという一連の殺人行為に着手して，その目的を遂げたのであるから，たとえ，実行犯 3 名の認識と異なり，第 2 行為の前の時点で V が第 1 行為により死亡していたとしても，殺人の故意に欠けるところはなく，実行犯 3 名については殺人既遂の共同正犯が成立するものと認められる。そして，実行犯 3 名は被告人両名との共謀に基づいて上記殺人行為に及んだものであるから，被告人両名もまた殺人既遂の共同正犯の罪責を負うものといわねばならない。したがって，被告人両名について殺人罪の成立を認めた原判断は，正当である」。

【解説】

　本判例は学説において，**早すぎた構成要件の実現**の問題がさかんに議論されるようになるきっかけとなったものである。ここにいう早すぎた構成要件の実現とは，たとえば，行為者が A と B，2 つの行為により構成要件を実現しようと考えていたものの，予想に反して A の行為のみで構成要件が実現されてし

まった場合，行為者に当該構成要件にかかる故意犯を成立させてよいか，という問題である。ここからも分かるように，早すぎた構成要件の実現においては故意犯の成否が争われうるのであるから，構成要件がAとB，2つの行為によってはじめて実現されたのか，それとも，Aの行為のみからでも実現されたのかが不明である場合には，「疑わしきは被告人の利益に」の原則に従い，後者の事実を前提にしなければならない。本件に引き直していうと，被害者はクロロホルムの吸引によって死亡したものと前提されなければならないのである。

　さて，本判例は，まず殺人罪（199条）における実行の着手を詳細に認定したうえで，「また」を挟んでこの早すぎた構成要件の実現にかかる判示を行い，結論として殺人既遂罪の成立を肯定している。このうち，前者についてはすでに実行の着手の項目（判例54）において解説したところであるが，後者についてはいまだ理論的に解明されない問題を含んでいる。すなわち，「**一連の殺人行為に着手し**」というのが理論的に何を意味しており，また，なぜそれが認められれば故意既遂犯の成立を肯定してよいかが争われているのである。

　学説には，かりに「一連の殺人行為」などというものが観念しうるとしても，故意既遂犯が成立するためには，行為者がそのような「一連の殺人行為」をすべてなし終えたと認識していることが必要である，として本判例を根本的に批判するものもある。しかし，そのように解する理論的必然性は存在しないほか，具体的に見ても，たとえば，行為者がテロリストの仲間から市民ホールに仕掛けた爆弾の起爆スイッチを渡され，「A〜Cのボタンを押せば爆発する」といわれたのを「A〜D」と聞き間違えたとき，思ったより早い3つ目のボタンで爆発したから行為者に殺人既遂罪が成立しない，などというのは到底納得のいく結論ではない。

　こうして，構成要件を実現するのに行為者が必要と考える，一連の行為（本判例がいう「一連の殺人行為」）の重要な部分にとりかかったと認識されてさえいれば，実際には想定より早く構成要件が実現されたとしても，故意既遂犯の成立を肯定すべきである。具体的には，当該部分がそれ以降の犯行計画の不可欠な前提を構成しており，しかも，それ以降の部分が特段の障害なく，事態の自然な流れに沿って実行可能であって，かつ，時間的にも接着する範囲に収まっていれば足りる，と解すべきであろう。本件においてこのことは，「また」

以前の，実行の着手を論ずる部分で実質的に認定されているから，本判例が殺人既遂罪の成立を肯定したことは妥当であったと思われる。

56. 間接正犯における実行の着手時期

大判大正7・11・16刑録24輯1352頁＝毒砂糖事件

【判旨】

「他人カ食用ノ結果中毒死ニ至ルコトアルヘキヲ豫見シナカラ毒物ヲ其飲食シ得ヘキ状態ニ置キタル事實アルトキハ是レ毒殺行爲ニ著手シタルモノニ外ナラサルモノトス原判示ニ依レハ被告ハ毒藥混入ノ砂糖ヲTニ送付スルトキハT又ハ其家族ニ於テ之ヲ純粹ノ砂糖ナリト誤信シテ之ヲ食用シ中毒死ニ至ルコトアルヲ豫見セシニ拘ラス猛毒藥昇汞一封度ヲ白砂糖一斤ニ混シ其一匙（十グラム）ハ人ノ致死量十五倍以上ノ效力アルモノ爲シ歳暮ノ贈品タル白砂糖ナルカ如ク裝ヒ小包郵便ニ付シテ之ヲTニ送付シ同人ハ之ヲ純粹ノ砂糖ナリト思惟シ受領シタル後調味ノ爲メ其一匙ヲ薩摩煮ニ投シタル際毒藥ノ混入シ居ルコトヲ發見シタル爲メ同人及其家族ハ之ヲ食スルニ至ラサリシ事實ナルヲ以テ右毒藥混入ノ砂糖ハTカ之ヲ受領シタル時ニ於テ同人又ハ其家族ノ食用シ得ヘキ状態ノ下ニ置カレタルモノニシテ既ニ毒殺行爲ニ著手アリタルモノト云フヲ得ヘキコト上文説明ノ趣旨ニ照シ寸毫モ疑ナキ所ナリトス」

【解説】

　Xが情を知らない郵便配達人Yを介してAに毒入り砂糖を送付した結果，Aがこれを食して死亡した場合，Xに（Yを道具のように利用した）殺人罪（199条）の間接正犯が成立しうることに争いはない。問題は，たとえば，Yが配達中に小包（毒入り砂糖）を失くしたため結果的にAが助かった場合，Xに殺人未遂罪（199，203条）が成立しうるかである。

　有力な見解はこれを肯定する。それは大きく2つの理由によって支えられており，第1に，未遂犯の成立時期を画するのが43条本文にいう「実行に着手」である以上，Xが実行行為＝殺人罪の基本的構成要件に該当する行為＝郵便局で小包の送付手続きをとる行為をなした段階で，これを肯定するのが一貫する，という形式的な理由である。第2に，郵便局で小包の送付手続きをとりさえすれば，あとは，ほぼ自動的かつ確実にそれがAのもとに届き，これを開封，中身を食したAが死亡することとなるのであるから，既遂到達の危険が生じたというためにはその段階で十分だ，という実質的な理由である。

　もっとも，今日の多数説はこのようには解していない。まず第1の点につい

ては，実行行為の開始時期と実行の着手時期を必ずしも連動させる必要はなく，前者は問責対象行為，後者は未遂犯成立の時間的限界を画する機能的概念，というように，それぞれに異なった理論的地位および内容を与えることも十分に可能だとされる（そのほか，かりに両者を連動させるとしても，未遂犯には書かれざる構成要件要素として，別途，既遂到達の現実的危険性が要求されていると解することも可能とされる）。つづいて第2の点についても，既遂到達の蓋然性が高いというだけで，未遂犯の，既遂犯と同等またはそれに近接する処断刑を正当化することは困難であろう。たとえば，同じく手術後の死亡率20%といっても，手術直後に死亡する確率が20%というのと，5年後にそうであるというのとではまったく異なるのである。このように見てくると，未遂犯が成立するためには，既遂到達が時間的に切迫している，という意味での**現実的危険性**まで要求することが妥当である。本判例もこのような発想の延長線上に位置づけられよう。

　しかし，実は問題はその先にも存在する。未遂犯の成立時期を実行行為の開始時期より遅らせるとしても，いったいどのくらい遅らせればよいかが必ずしも明らかでないのである。ある見解は，厳密な時間的切迫性を常に要求するのは現実的でないとし，有害な作用が**被害者領域**に及んでさえいれば未遂犯の成立を肯定しうるという。たとえば，小包がA宅に届いたものの，たまたまそのとき家人全員がお腹いっぱいであり，Aはとりあえず小包をタンスの奥にしまっておいたという場合，家人が毒入り砂糖を食する時点が差し迫っているとはいえない。とはいえ，毒入り砂糖という危険な食べ物が家人のすぐ手の届くところに置かれていることは無視できない。こうして殺人未遂罪の成立が肯定されるのである。

　もっとも，生命に対する（具体的・）現実的危険性を超えた，被害者領域の指称するところは判然としない。たしかに，一般には，有害な作用が被害者の周辺に及べば，間もなく被害者は現実の被害を受けそうだとはいえるであろう。しかし，そうだとすれば，端的に，間もなく被害が現実化しそうであることをとらえれば足りるはずである（たとえお腹がいっぱいでも，甘いものは別腹であるから誰かが取り出して食べてしまうかもしれない）。反対に，有害な作用が被害者の周辺に及んでいても，被害の現実化まで時間的な離隔が厳然として存在す

る場合には未遂犯の成立を否定すべきであろう。たとえば，毒入り砂糖が厳重に包装されており，特殊な器具を用いない限りこれを開封することができず，しかも，A宅は都市部から離れているため器具をすぐに入手することができない，というときは，たとえ家人が毒入り砂糖の袋を手に取ってさえいる場合でも，なお殺人罪は予備（201条）にとどまるものと解すべきである。しかし，本件はそのようなものではなかったと思われる。

57. 不能犯——方法の不能

最判昭和 37・3・23 刑集 16 巻 3 号 305 頁＝空気注射事件

【事実】

被告人 A が B を殺害して保険金を取得しようと考え，他の被告人らと共謀のうえ，B の静脈内に蒸留水とともに空気を注射したが，致死量に至らなかったため殺害の目的を遂げなかった。

【判旨】

「所論は，人体に空気を注射し，いわゆる空気栓塞による殺人は絶対に不可能であるというが，原判決並びにその是認する第 1 審判決は，本件のように静脈内に注射された空気の量が致死量以下であつても被注射者の身体的条件その他の事情の如何によつては死の結果発生の危険が絶対にないとはいえないと判示しており，右判断は，原判示挙示の各鑑定書に照らし肯認するに十分であるから，結局，この点に関する所論原判示は，相当であるというべきである」。

【解説】

不能犯とは，外形上は実行の着手が認められるものの，実質的に見て既遂に到達する可能性が存在しないため不可罰とされるものをいう。その中でも，本件で問題とされたような，既遂実現手段に瑕疵がある場合を**方法の不能**という。このような不能犯と可罰的な未遂犯を区別する基準について，学説ではさかんに議論がなされているが，本判例は弁護人の主張に（事実認定のレベルで）応えたものにすぎず，特定の学説・立場をとるものと即断することはできない。

さて，学説ではいくつかの見解が対立しているが，まず，行為者個人の認識した事情をベースに前記区別を行おうとする見解（**抽象的危険説**）は少数になっている。そのような見解を採用するときは，社会的に見て一笑に付すべきふるまいについても，行為者の危険性を実質的な根拠として処罰が行われることになってしまうからである。

そこで多数説は，一般人の認識しえた事情をベースに前記区別を行おうとする（**具体的危険説**）。このような態度は下級審裁判例にも見られ，多くの場合に常識に合致した結論が導かれるという利点がある。しかし，一般人の認識可能性と科学的な知見が矛盾・衝突する場合において，少なくとも，既遂到達の具体的な危険が発生したかを判定する文脈で前者を優先させることには方法論的

な疑問がある。そのように解するときは，煎じ詰めると，たとえば，殺人既遂罪（199条）においても，被害者が死亡したかどうかを一般人が判断し，医師が「まだ生きている」，「行為の時点ですでに死亡していた」などと科学的意見を述べたとしても，一般人が「殺されたようだ」と感じれば同罪の成立が肯定されてしまうことになろう。しかも，下級審裁判例において，一般人の認識しえた事情をベースに可罰的な未遂犯の成立が肯定されているときは，往々にして科学的判断によってもそうしてよいのであるから，このような多数説が実際に採用されているのかにも若干の疑問がある。

　こうして，あくまで科学的判断によって既遂到達の具体的危険があったかを判定する見解（**客観的危険説**）が妥当である。ここで勘違いしてはならないのは，科学的判断とは何も，「結果が発生しなかった以上，それは発生せざるべくして発生しなかったのだ」という因果律・運命論を含意しているのではない，ということである。結果は何がしかの事情が変更すれば科学的に見ても十分に発生しうるのであり，そのような事情変更がどの程度ありえたかを科学的に判断し，それが十分に可能だったということになれば可罰的な未遂犯が成立しうるのである（**修正された客観的危険説**）。たとえば，本件でも，「被害者が現に死ななかった以上，それは科学的に見れば死にえなかったのだ」と短絡することはできない。むしろ，かりに被害者の血圧が一時的に高まっていたため死亡を免れたのだと科学的に判定されれば，今度は，血圧の一時的な上昇がなかった可能性がどのくらいあったかを科学的に判定することになり，その可能性も十分にあったと判断されれば殺人未遂罪（199，203条）が成立しうることになる。

58. 不能犯——客体の不能

広島高判昭和 36・7・10 高刑集 14 巻 5 号 310 頁＝死体殺人事件

【事実】

　被告人 T が組事務所玄関に荷物を運び入れていた際，屋外でけん銃音がしたので，被告人 F が S を銃撃したものと直感し，玄関外に出てみたところ，F が S を追いかけており，ついで，両名が同事務所東北方約 30 m のところに所在する M 歯科医院邸内に飛び込んだ。その途端，2 発の銃声が聞こえたが，T は F の銃撃が急所を外れている場合を慮り，同人に加勢して S にとどめを刺そうと企て，即座に玄関付近にあった日本刀を携え前記医院に急行した。はたして，F の銃撃により同医院玄関前に倒れていた S に対し，T は同人がまだ生命を保っているものと信じ，殺意をもって，その左右腹部，前胸部その他を日本刀で突き刺した。

【判旨】

　「S の生死については専門家の間においても見解が岐れる程医学的にも生死の限界が微妙な案件であるから，単に T が加害当時被害者の生存を信じていたという丈けでなく，一般人も亦当時その死亡を知り得なかつたであろうこと，従つて又 T の前記のような加害行為により S が死亡するであろうとの危険を感ずるであろうことはいづれも極めて当然というべく，かかる場合において T の加害行為の寸前に S が死亡していたとしても，それは意外の障害により予期の結果を生ぜしめ得なかつたに止り，行為の性質上結果発生の危険がないとは云えないから，同被告人の所為は殺人の不能犯と解すべきでなく，その未遂罪を以て論ずるのが相当である」。

【解説】

　本件は，不能犯の中でも**客体の不能**，すなわち，行為の客体が構成要件要素として備えるべき属性を欠いている，という場合が問題とされたものである。たとえば，殺人罪（199 条）における行為の客体は生きている（かつ，死にたがっていない）他人であって，すでに死んでいる者はこれに含まれないものの，行為者がその者をいまだ生きていると誤信して殺害に適した手段をとる行為がはたして殺人未遂罪（199, 203 条）を構成しうるか，が問題となるのである。

　判例 57 の【解説】の最後で紹介した見解によると，そのような行為がなさ

れた時点において，被害者がいまだ生命活動を続けていることを可能にする事
実がどの程度存在しえたかを科学的に判断し，それが具体的な可能性をもって
存在しえたというのであれば殺人未遂罪が成立しうる（不能犯ではない），とい
うことになろう。本件でも，Ｓの生理的な状態によっては刺突行為の時点でい
まだ息があった可能性も十分に存在したようであるから，Ｔが殺人未遂の罪責
を負うことに特段の障害はないように思われる。

　他方，本判例は不能犯でないことを示すためにＴの認識および一般人の認
識可能性を援用しているが，これを字句どおりに理解し，行為者や一般人の認
識（可能性）をベースに不能犯の判定を行うものととらえるのはやや早計であ
ろう。というのも，そのような援用の背景には，あくまで，Ｓの生死に関する
専門家の判断（の分かれ）が存在するからである。反対にいうと，かりに行為
者も一般人も被害者が生きているとしか思えない，それほど血色の良い状態で
あったとしても，医師が一致して「はるか以前から被害者は死亡しており，体
内の腐敗がかなり進んでいる」と判断したのであれば，これを生きていると誤
信して日本刀で刺突した行為者を裁判所が殺人未遂罪とするかはかなり疑わし
いと思われる。

　なお，客体の不能に関しては，それ以外にも特別な興味深い議論がなされて
いる。たとえば，客体ないし被害者が存在しなかった場合にはただちに不能犯
になる，といわれることがある。しかし，まず，すでに指摘されているように，
客体のみを他の構成要件要素と区別して扱う理論的根拠は存在しないであろう。
次に，被害者の不存在についても，そのような場合には往々にして既遂到達を
導く事実の存在した可能性がゼロに近いといいうるにとどまり，可罰的な未遂
犯を原理的に排除する根拠を提出することは困難であろう。そして，例外的に
前記可能性が有意に認められる本件のような被害者不存在事案において，かり
に可罰的な未遂犯の成立を肯定するというのであれば，そのことは論者自身に
おいても実質的に承認されているように思われる。

　さらに，これは必ずしも客体の錯誤に限定された議論ではないが，高度な予
防の必要性が認められる領得罪においては，可罰的な未遂犯を基礎づける危険
の判断においても予防の観点を取り入れるべきだ，といわれることもある（そ
の結果，客観的危険説ではなく具体的危険説に近い立場が採用されるべきことにな

る)。しかし，通常の空ポケットに対するスリの事案などにおいては，基準を変更せずとも窃盗未遂罪 (235, 243 条) の成立を肯定しうることがほとんどであろう。また理論的に見ても，高度な予防の必要性は責任の加重をとおしてすでに法定刑に反映されているのであるから，それとは異なる趣旨をもつ要件である「既遂到達の具体的危険性」に影響させるのは誤っていると思われる。

59. 中止行為の任意性

福岡高判昭和61・3・6高刑集39巻1号1頁

【事実】

　未必的殺意をもってKの頸部を果物ナイフで突き刺したところ，流血を見て驚愕するとともに，悔悟の情から，右頸部にタオルを当てたり，救急車を呼んで医師の手当てを受けさせたりしてKの一命をとりとめた。

【判旨】

　「『自己ノ意思ニ因リ』とは，外部的障碍によつてではなく，犯人の任意の意思によつてなされることをいうと解すべきところ，本件において，被告人が中止行為に出た契機が，Kの口から多量の血が吐き出されるのを目のあたりにして驚愕したことにあることは前記認定のとおりであるが，中止行為が流血等の外部的事実の表象を契機とする場合のすべてについて，いわゆる外部的障碍によるものとして中止未遂の成立を否定するのは相当ではなく，外部的事実の表象が中止行為の契機となつている場合であつても，犯人がその表象によつて必ずしも中止行為に出るとは限らない場合に敢えて中止行為に出たときには，任意の意思によるものとみるべきである。これを本件についてみるに，本件犯行が早朝，第三者のいない飲食店内でなされたものであることに徴すると，被告人が自己の罪責を免れるために，Kを放置したまま犯行現場から逃走することも十分に考えられ，通常人であれば，本件の如き流血のさまを見ると，被告人の前記中止行為と同様の措置をとるとは限らないというべきであり，また，前記認定のとおり，被告人は，Kの流血を目のあたりにして，驚愕すると同時に，『大変なことをした。』との思いから，同女の死の結果を回避すべく中止行為に出たものであるが，本件犯行直後から逮捕されるまでにおける被告人の真摯な行動やKに対する言葉などに照らして考察すると，『大変なことをした。』との思いには，本件犯行に対する反省，悔悟の情が込められていると考えられ，以上によると，本件の中止行為は，流血という外部的事実の表象を契機としつつも，犯行に対する反省，悔悟の情などから，任意の意思に基づいてなされたと認めるのが相当である」。

【解説】

　43条ただし書は**中止減免**を定めている。すなわち，犯罪の実行に着手した

者が自己の意思によりこれを中止したときは，刑が必要的に減軽または免除されるのである。問題はその実質的な根拠である。

　まず刑罰目的説は，爾後の中止行為により当初の未遂行為を含めた全体について刑罰目的追求の必要性が減少し，それゆえ刑が減免されるのだと説明する。しかし，それならば，たとえば，スーパーマーケットでパンをポケットに入れた万引き犯が反省してただちにそれを棚に戻した（窃盗既遂〔235条〕の）場合でも，中止犯と同じ扱いをしなければ一貫しないであろう。そして，論者がそれを拒否するならば，それは刑罰目的説が一貫しては採用しえないことを示しているのである。

　そこで，近時有力なのは（刑事）政策説である。それによれば，障害未遂の処断刑は既遂のそれに比してさほど軽くないから，未遂に達した行為者にはたらきかけて，既遂到達を防ぐための（いわば鞭に対する）飴を用意するのが得策である。そして，この飴に相当するのが中止減免だというのである。では，このような中止減免の趣旨に照らし，中止犯の各要件はどのように解釈されることになるのであろうか。

　本件で問題とされたのは「自己の意思により」（43条ただし書）＝任意性の要件である。とくにその中でも，**合理的な理由**により犯罪を中止したとも評価しうる場合に任意性を肯定すべきかが争われている（これに対して本件のように，外部的事実の表象が契機になっているとはいえ，**反省や悔悟の情から中止したとき**に任意性が肯定されうることはほぼ争いがないと思われる）。

　ある見解は，行為者がやろうと思えば既遂に達しえた以上，ただちに任意性を肯定すべきだという。しかし，行為者に飴を提示して誘引しようとする発想からすると，このような見解は必ずしも妥当でない。むしろ，犯罪の実行に着手した段階での行為者の価値観に照らし，まさに合理的な理由に基づいてこれを中止した場合には，飴など与えなくてもどのみち行為者は中止したであろうといいうるから，任意性を否定するほうが適切であろう。たとえば，貧しい身なりをした被害者から財布をすろうとした行為者が，すぐ向かいから身なりの良い新たな被害者が歩いてきたため標的を変えた場合には，中止減免などなくとも行為者は合理的な判断に基づきそうするのであるから，当初の被害者に対する窃盗未遂（235，243条）につき中止行為の任意性は否定されるべきだと思

われる。

60. 中止行為の内容

東京高判昭和 62・7・16 判時 1247 号 140 頁＝牛刀事件

【判旨】

「被告人は，Ａを右牛刀でぶった切り，あるいはめった切りにして殺害する
意図を有していたものであって，最初の一撃で殺害の目的が達せられなかった
場合には，その目的を完遂するため，更に，二撃，三撃というふうに追撃に及
ぶ意図が被告人にあったことが明らかであるから，原判示のように，被告人が
同牛刀でＡに一撃を加えたものの，その殺害に奏功しなかったという段階で
は，いまだ殺人の実行行為は終了しておらず，従って，本件はいわゆる着手未
遂に該当する事案であるといわねばならない。

　そして，いわゆる着手未遂の事案にあっては，犯人がそれ以上の実行行為を
せずに犯行を中止し，かつ，その中止が犯人の任意に出たと認められる場合に
は，中止未遂が成立することになるので，この観点から，原判決の掲げる証拠
に当審における被告人質問の結果なども参酌して，本件を考察すると，原判示
のように，被告人は確定的殺意のもとに，Ａの左側頭部付近を目掛けて，右牛
刀で一撃し，これを左腕で防いだ同人に左前腕切傷の傷害を負わせたが，その
直後に，同人から両腰付近に抱きつくように取りすがられて，『勘弁して下さ
い。私が悪かった。命だけは助けて下さい。』などと何度も哀願されたため，
かわいそうとのれんびんの情を催して，同牛刀で更に二撃，三撃というふうに
追撃に及んで，殺害の目的を遂げることも決して困難ではなかったのに，その
ような行為には出ずに犯行を中止したうえ，自らも本件の所為について同人に
謝罪し，受傷した同人に治療を受けさせるため，通り掛かりのタクシーを呼び
止めて，同人を病院に運んだことなどの事実が明らかである。

　右によると，たしかに，Ａが被告人の一撃を防御したうえ，被告人に取りす
がって謝罪し，助命を哀願したことが，被告人が殺人の実行行為を中止した契
機にはなっているけれども，一般的にみて，そのような契機があったからとい
って，被告人のように強固な確定的殺意を有する犯人が，その実行行為を中止
するものとは必ずしもいえず，殺害行為を更に継続するのがむしろ通例である
とも考えられる。

　ところが，被告人は前記のように，Ａの哀願にれんびんの情を催して，あえ

て殺人の実行行為を中止したものであり，加えて，被告人が前記のように，自らも A に謝罪して，同人を病院に運び込んだ行為には，本件所為に対する被告人の反省，後悔の念も作用していたことが看取されるのである。

　以上によると，本件殺人が未遂に終ったのは，被告人が任意に，すなわち自己の意思によって，その実行行為をやめたことによるものであるから，右の未遂は，中止未遂に当たるといわねばならない」。

【解説】

　未遂犯は**未終了未遂（着手未遂）**と**終了未遂（実行未遂）**の 2 つに分けられる。このうち未終了未遂とは，実行行為をいまだなし終えていない段階の未遂を指す一方，終了未遂とは，これをなし終えたのちいまだ既遂に達していない段階の未遂を指す。終了未遂は，行為者が実行行為を最後までやりとおしたという点で不法・責任のいずれにおいても未終了未遂より重いが，刑法は両者の処断に特別な差を設けていないから，あとはもっぱら量刑の判断にゆだねられることになる。

　ところが，従来支配的であった見解は，これら未遂の区別に要求される**中止行為の内容**を結びつけ，未終了未遂の場合には**爾後の不作為**で足りるが，終了未遂の場合には**既遂到達防止に向けた積極的な作為**が必要だと解してきた。しかし，厳密に考えると，未遂の区別と要求される中止行為の内容には有意な関連性が欠けているというべきである。

　たとえば，被害者をナイフでめった刺しにして殺そうと考えていた行為者が，最初の一刺しで流血に驚き，大変なことをしてしまったと反省し，中止を決意した事例を考えてみよう。このとき，行為者としては複数回，被害者を刺してはじめて死に至らしめうるものと考えていたわけであるから，これは未終了未遂に分類されることになる。しかし，かりに最初の一刺しが被害者を即死させるほどではないものの，重要臓器を損傷し放置すれば失血死させうるほどの傷害を負わせたとすれば，行為者が爾後の不作為に出た，すなわち，ナイフを捨てて逃走しただけでその刑を必要的に減免する，というのは到底納得のいく結論ではない（被害者は通行人の 119 番通報により一命をとりとめたものとする）。やはり，この場合には行為者による既遂到達防止に向けた積極的な作為，たとえば，119 番通報して被害者を救急隊員に引き渡すとか，みずから被害者を救

急病院に搬送するなどの行為が中止行為として要求されるものと解すべきであろう。

これに対し，弾がフルに装填されたけん銃で被害者を射殺しようと考えた行為者が，自分の腕に自信があったため一発で命中させられると確信していたとすれば，たまたま弾が外れた場合に成立しうるのは終了未遂である。しかし，この事例で行為者がなすべき積極的作為など何もない。行為者はただ，残りの弾で被害者をさらに狙撃することをしなければよいのである。

こうして，要求される中止行為の内容は未遂の区別によって定まるのではなく，むしろ，既遂到達防止のためには何をしなければならないかによって定まるものと解すべきである。すなわち，未終了未遂と終了未遂とを問わず，放置すれば既遂に到達しかねない危険が設定されたのであればこれを防止する積極的な作為が，そうでなければ単なる不作為が中止行為の内容を構成することになるのである。

本件で被告人は最初の一撃で被害者が死亡することも考慮していたのであるから，本来は終了未遂に分類されるべきものである。しかし，かりに最初の一撃が致命的なものとならなかった場合には，本来なら可能であったはずの追撃をやめさえすれば中止行為と認めるべきである。そして，もしこのような考慮から本判例が未終了未遂（着手未遂）を認めたのだとすれば，それは本末転倒だと思われる。他方，最初の一撃が即死とはいわないまでも，放置すれば死に至りかねない傷害を被害者に負わせたのだとすれば，たとえ未終了未遂であっても中止行為として積極的な作為を要求すべきであろう。本判例が被害者の病院への搬送を強調するのがこのような趣旨であれば妥当であるが，実際には死亡につながらない傷害しか発生していないのであるから，それが中止行為として要求されているわけではないと思われる。単なる量刑事情と解すべきであろう。

61. 真摯な努力

東京高判平成 13・4・9 高刑速 3132 号 50 頁

【事実】

被告人が衣類に所携のライターで点火したのち，燃えていない洗濯物を燃えた衣類にかぶせて押さえつけたが，火が室内の木製の小物入れや畳などに燃え移った。なお，被告人はアパートから外に出たのち，119 番通報をしている。

【判旨】

「被告人が，燃えていない洗濯物を燃えた衣類にかぶせて押さえつけた後に，火が室内の木製 3 段の小物入れや畳などに燃え移っていることが認められるのであるから，被告人の所論の行為をもって結果発生を防止したと同視し得る行為ということはできず，被告人が 119 番通報をしたことをあわせてみても，被告人がアパートの居住者に火事を知らせ，消火の助力を求めるなどの措置を執っていない以上，結果発生を防止したと同視し得る行為と認めるに足りないとして中止犯の成立を否定した原判断は是認することができ」る。

【解説】

とくに，既遂到達防止に向けた作為が中止行為として要求される場合，それは同時に**真摯な努力**をともなうものでなければならないとされる。問題は，そこにいう真摯な努力が具体的にはどのような意味を有するかである。

まず確認しておかなければならないのは，真摯な努力が**中止行為と既遂到達防止との間の因果関係を超えた内容を含んでいる**，ということである。たとえば，現住建造物への放火（108 条）につき中止未遂が成立するためには，ふつう，中止行為が独立燃焼を妨げたといいうることが要求されるのであって，119 番通報はしたものの，それとは無関係に隣人が初期消火してくれた，という場合には中止犯は成立しない。しかし，それは前記因果関係が欠けるからであるにすぎない。他方，火を放ったのち，怖くなって，通行人に「火をつけたから何とかしてくれ」とだけ叫んでそのまま逃走した場合には（類似の事案として，大判昭和 12・6・25 刑集 16 巻 998 頁を参照），かりに，その通行人が初期消火にあたり，あるいは 119 番通報したことにより独立燃焼が妨げられたとしても，中止犯を成立させるべきではなかろう。とはいえ，この場合には前記因果関係は厳然として存在するのであって，それとは別に真摯な努力を要求し，

これを否定することで中止犯の成立が排除される。このような構造になっているのである。

　そこで，次に問題となるのは真摯な努力の具体的な内容である。本判例は「結果発生を防止したと同視し得る行為」という表現を用いているが，それが欠けるとされた実質的な根拠は，そもそも既遂到達を防止するに足りないところに求められているのであるから，前記因果関係を超える実質的な意義が十分に与えられているとはいいがたいであろう。他方，裁判例の中には真摯な努力について，それが既遂到達防止という政策目的とは直接関係のない，道徳的観点を容れたものととらえるものも散見される（大阪高判昭和44・10・17判タ244号290頁などを参照。「被告人が被害者を病院へ運び入れた際，その病院の医師に対し，犯人が自分であることを打明けいつどこでどのような兇器でどのように突刺したとか及び医師の手術，治療等に対し自己が経済的負担を約するとかの救助のための万全の行動を採つたものとはいいがたく，単に被害者を病院へ運ぶという一応の努力をしたに過ぎないものであつて，この程度の行動では，未だ以て結果発生防止のため被告人が真摯な努力をしたものと認めるに足りない」とする）。しかし，そのようなものを中止犯の成否に影響させるのは，法と道徳を混交するものであって許されないというべきである。

　むしろ，今日の有力な学説は真摯な努力を，中止行為の既遂到達防止に対する（因果関係を超えた）（共同）**正犯性**ととらえている。すなわち，刑法はあくまで既遂到達を防止する中でも中心的な役割を担うことを期待し，必要的減免という重大な飴を未遂犯に与えていると解するのである。こうして，先の例を用いていうと，通行人に「火をつけたから何とかしてくれ」とだけ叫んでそのまま逃走した場合には，未遂犯が既遂到達防止において教唆ないし幇助的な役割しか果たしていないから，中止犯は成立しないことになる。

62. 予備の中止

最大判昭和 29・1・20 刑集 8 巻 1 号 41 頁

【判旨】

　「原判決挙示の証拠によれば，被告人が強盗をしようとして原審相被告人等と共に原判決……摘示の強盗予備の行為をした事実は十分これを認めることができる。故に強盗の意思がなかつたとの主張は理由がなく，又予備罪には中止未遂の観念を容れる余地のないものであるから，被告人の所為は中止未遂であるとの主張も亦採ることを得ない」。

【解説】

　中止犯（43条ただし書）はあくまで未遂犯を念頭において規定されているが，学説にはこれを予備罪にも準用すべきだというものもある。その理由は均衡論にあり，たとえば，殺意をもって被害者にけん銃を向けたが反省してそれを下ろした場合に刑が必要的に減免されるのであれば，被害者を射殺する目的でけん銃を入手したものの反省して計画を放棄した場合にも減免しなければ不均衡だ，というのである。とくに，予備段階での中止は往々にして刑の免除が相当であろうから，減軽にとどまる場合に既遂犯の刑を標準とすべきか，それとも，予備罪のそれを標準とすべきかに関する争いにはさほど実践的な重要性がないとしても，本件で問題となった強盗予備罪（237条）のように，法定刑に免除が含まれていない場合には，予備罪にも中止犯の規定を準用しうるか否かが行為者の処遇に対して決定的に重要な影響をもつことになる。

　この点につき本判例は，予備罪には中止未遂の観念を容れる余地がないと判示している。そして，通説もこれに従っている。そもそも，予備罪は未完成犯罪ではなくそれ自体が独立した**目的犯**であって，予備をなし終えたのちに反省するというのは，ちょうど，通貨を偽造した者が反省してこれを行使することを思いとどまった，というのとパラレルである。そして，このような場合に通貨偽造罪（148条1項）につき中止犯の規定を準用する余地がないのであれば，予備罪についても同様でなければならないはずである。しかも，そのことが偽造通貨行使未遂罪（148条2項，151条）につき中止犯が成立しうることと不均衡である，という批判は寡聞にして聞かない。

　むろん，解釈論としては以上のとおりだとしても，自首等減軽（42条）や解

放減軽（228条の2）のように，未遂ないし既遂への発展を防止するという政策的観点から，予備罪にも類似の減免規定を設けるという立法論までがただちに排除されるわけではない。しかし，予備罪と未遂犯の刑の重さには相当に大きな格差があり，予備段階でやめさせるには未遂犯の重い刑による威嚇（鞭）だけで十分だともいえる。こうして，そのような立法論にもそこまでの緊要性は看取しがたいように思われる。

　結局，予備の中止という論点は，中止犯を「反省してそれ以上のことをやめた」ことに対する褒賞ととらえる発想に由来するものであって，中止減免の趣旨・根拠に関する今日の通説的見解からすれば，一種の仮象問題にすぎないともいえよう。

63. 被害者を利用する間接正犯

最決平成 16・1・20 刑集 58 巻 1 号 1 頁

【事実】

　被告人は，事故を装い被害者を自殺させて多額の保険金を取得する目的で，自殺させる方法を考案し，それに使用する車等を準備した。そのうえで被告人は，自身を極度に畏怖して服従していた被害者に対し，犯行前日に漁港の現場で暴行・脅迫を交えつつ，ただちに車ごと海中に転落して自殺することを執ように要求し，猶予を哀願する被害者に翌日実行することを確約させるなどした。こうして本件犯行当時，被害者は，被告人の命令に応じて車ごと海中に飛び込む以外の行為を選択することができない精神状態に陥っていた。もっとも，被害者は漁港の岸壁上から海中に車もろとも転落したものの，車が水没する前に運転席ドアの窓から脱出し，港内に停泊中の漁船に泳いでたどり着き，はい上がるなどして死亡を免れた。

【決定要旨】

　「被告人は，以上のような精神状態に陥っていた被害者に対して，本件当日，漁港の岸壁上から車ごと海中に転落するように命じ，被害者をして，自らを死亡させる現実的危険性の高い行為に及ばせたものであるから，被害者に命令して車ごと海に転落させた被告人の行為は，殺人罪の実行行為に当たるというべきである。

　また……被害者には被告人の命令に応じて自殺する気持ちはなかったものであって，この点は被告人の予期したところに反していたが，被害者に対し死亡の現実的危険性の高い行為を強いたこと自体については，被告人において何ら認識に欠けるところはなかったのであるから，上記の点は，被告人につき殺人罪の故意を否定すべき事情にはならないというべきである。

　したがって，本件が殺人未遂罪に当たるとした原判決の結論は，正当である」。

【解説】

　本件において被害者は，現実には自殺する意思を有していなかった。その意味で，客観的構成要件に限って見れば，意思抑圧を云々せずとも行為者の正犯性ないし実行行為性を肯定することは可能であった。もっとも，本判例は，被

害者が自殺意思を有するとの行為者による誤信が殺人罪の故意を阻却しない，と述べているのであるから，かりに被害者が実際に自殺意思を有していたとしても，客観的構成要件のレベルにおける行為者の正犯性ないし実行行為性には疑いが生じないものといえる。

　それでは，このような，被害者の意思を抑圧し自己加害を強制するタイプの間接正犯は，具体的にはいかなる要件のもとで成立しうるのであろうか。そもそも，このような場合に意思抑圧の程度が低いとして行為者の間接正犯性が否定される実質的な根拠は，被害者が自己加害に出ることも出ないことも自由に選択しえたにもかかわらず，あえてこれに出たことにより法益侵害につき第一次的な責任主体としての地位を獲得するからである。そして，そうであるとすれば，被害者が重大な危害に襲われ，これを避けるためには自己加害に出る以外に選択の余地がないと評価しうる場合には，むしろ行為者の間接正犯性を肯定すべきことになろう。本判例が被害者の精神状態に照らし，行為選択の余地がなかったことを認定しているのも，基本的には同様の発想に基づくものと考えられる。

64. 刑事未成年を利用する間接正犯

最決昭和 58・9・21 刑集 37 巻 7 号 1070 頁

【事実】

　被告人は当時 12 歳の養女を連れて四国八十八ケ所札所等を巡礼中，日ごろ被告人の言動に逆らう素振りを見せる都度，顔面にタバコの火を押しつけたり，ドライバーで顔をこすったりするなどの暴行を加えて自己の意のままに従わせていた同女に対し，本件各窃盗を命じてこれを行わせた。

【決定要旨】

　「被告人が，自己の日頃の言動に畏怖し意思を抑圧されている同女を利用して右各窃盗を行つたと認められるのであるから，たとえ所論のように同女が是非善悪の判断能力を有する者であつたとしても，被告人については本件各窃盗の間接正犯が成立すると認めるべきである」。

【解説】

　かつて，刑事未成年（41 条）を利用する行為は，そのことだけで背後者の間接正犯性を基礎づけるものと解されていた。その実質的な根拠は，極端従属形式のもと，刑事未成年に対しては共犯が成立しえないことから，背後者を処罰の間隙からすくいあげるところにあった。もっとも，その後，制限従属形式が通説化（ないし，ドイツにおいては立法化）したことから，背後者を処罰するのに共犯という法形式を用いることができるようになった。こうして，刑事未成年——とくに，本件のように実質的な責任能力を有するためただちには道具と評価しえないもの——を利用する行為について間接正犯を認めるためには，その意思を抑圧するなど付加的な事情が必要とされることになったのである。

　本判例もその例に漏れず，養女の意思抑圧を認定したうえで被告人を窃盗罪（235 条）の間接正犯としている。問題はどの程度の意思抑圧が必要かであるが，被利用者の加えられようとしている危害が自身にとって，不法を実現することと同等ないしそれ以上の重要性を有していたのであれば，背後者の間接正犯性を肯定するに足りる意思抑圧と認めるべきであろう。というのも，そのような場合には，実質的に見て，被利用者から「行為に出る／出ない」に関する選択の余地が奪われている，したがって，自由が失われていると評価しうるからである（刑事未成年の利用を間接正犯とした一種の限界事例として，大阪高判平成 7・

11・9 高刑集 48 巻 3 号 177 頁を参照）。

　なお，近時においては，背後者の間接正犯性を肯定するに足りる意思抑圧が欠ける事案において，刑事未成年者との間に（強盗罪〔236 条 1 項〕の）共同正犯（60 条）を認めた判例がある（最決平成 13・10・25 刑集 55 巻 6 号 519 頁）。

65. 共謀共同正犯──共謀の意義

最大判昭和 33・5・28 刑集 12 巻 8 号 1718 頁＝練馬事件

【事実】

　製紙工場の労働組合員である被告人 A ないし E，および，同労組の争議行為を支援していた被告人 F ないし K が，組合員が検挙されたことに憤慨して工場次長に暴行を加えたほか，検挙にあたった警察官に暴行を加えて傷害を負わせ，死亡させた。

【判旨】

　「共謀共同正犯が成立するには，2 人以上の者が，特定の犯罪を行うため，共同意思の下に一体となつて互に他人の行為を利用し，各自の意思を実行に移すことを内容とする謀議をなし，よつて犯罪を実行した事実が認められなければならない。したがつて右のような関係において共謀に参加した事実が認められる以上，直接実行行為に関与しない者でも，他人の行為をいわば自己の手段として犯罪を行つたという意味において，その間刑責の成立に差異を生ずると解すべき理由はない。さればこの関係において実行行為に直接関与したかどうか，その分担または役割のいかんは右共犯の刑責じたいの成立を左右するものではないと解するを相当とする。他面ここにいう『共謀』または『謀議』は，共謀共同正犯における『罪となるべき事実』にほかならないから，これを認めるためには厳格な証明によらなければならないというまでもない。しかし『共謀』の事実が厳格な証明によつて認められ，その証拠が判決に挙示されている以上，共謀の判示は，前示の趣旨において成立したことが明らかにされれば足り，さらに進んで，謀議の行われた日時，場所またはその内容の詳細，すなわち実行の方法，各人の行為の分担役割等についていちいち具体的に判示することを要するものではない」。

【解説】

　60 条は「2 人以上共同して犯罪を実行した者は，すべて正犯とする」と規定している。この条文を素直に読めば，実行行為の分担が共同正犯にとって必須の条件であるかにも見えるが（これを実行共同正犯という），判例・通説は長らく，実行行為を分担しない共同正犯，すなわち共謀共同正犯を承認してきた。そして，そのことには十分な理由がある。

第1に，事件の黒幕を正犯と同等に処断する必要がある。たしかに，教唆犯の刑は正犯のそれと同等ではあるけれども，正犯に行為決意を生じさせたことを証明するのは大きな負担であることに加え，そもそも，行為決意を生じさせていなくても黒幕として正犯と同等に処断すべき場合は数多く観念しうる。

第2に，おのおの基本的構成要件を完全に充足する者が意思連絡のもとに協働した，という場合にその成立を限定するのでない限り，実行共同正犯といえども，実行行為中，自身の分担していない部分については共謀共同正犯のロジックを援用せざるをえない。そして，いったんそのようなことを認めたら，実行行為全体についても同様に解することを妨げる理論的な障害は存在しないはずである。

第3に，60条の文言は「2人以上共同して，そのうちの少なくとも1人が犯罪を実行することとなった者は……」と読むことも可能であるから，条文上，共謀共同正犯が排除されていると解することもできない。

以上のように，共謀共同正犯という法形象を承認すべきであるとして，次に問題となるのはその理論的な根拠である。この点について本判例は，共同意思のもとでの一体性，互いに他人の行為を利用すること，謀議などをあげている。もっとも，今日においては，このようなファクターが共謀共同正犯にとって必須のものであるとは考えられていない。すなわち，共謀共同正犯という特殊な共同正犯が存在するわけではなく，ただ，共同正犯のうちに実行行為をまったく分担しない者がいるという現象面に着目した括りにすぎないのであるから，実行共同正犯においては明らかに必須と解されていない前記ファクターは，共謀共同正犯においても絶対に必要とはいえないというのである。

詳細は判例66で見るが，その後の判例の動きはまさに，このようなファクターをそぎ落としていく過程ととらえることも可能であろう。

66. 共謀共同正犯——共謀の緩和

最決平成 15・5・1 刑集 57 巻 5 号 507 頁＝スワット事件

【事実】

　暴力団組長である被告人が遊興のため上京した際，「スワット」とよばれる被告人のボディーガードらがけん銃等を所持していた。被告人につき，けん銃等所持罪の共同正犯が成立するかが争われた。

【決定要旨】

　「被告人は，スワットらに対してけん銃等を携行して警護するように直接指示を下さなくても，スワットらが自発的に被告人を警護するために本件けん銃等を所持していることを確定的に認識しながら，それを当然のこととして受け入れて認容していたものであり，そのことをスワットらも承知していたことは……述べたとおりである。なお，弁護人らが主張するように，被告人が幹部組員に対してけん銃を持つなという指示をしていた事実が仮にあったとしても……それは自らがけん銃等の不法所持の罪に問われることのないように，自分が乗っている車の中など至近距離の範囲内で持つことを禁じていたにすぎないものとしか認められない。また……被告人とスワットらとの間にけん銃等の所持につき黙示的に意思の連絡があったといえる。そして，スワットらは被告人の警護のために本件けん銃等を所持しながら終始被告人の近辺にいて被告人と行動を共にしていたものであり，彼らを指揮命令する権限を有する被告人の地位と彼らによって警護を受けるという被告人の立場を併せ考えれば，実質的には，正に被告人がスワットらに本件けん銃等を所持させていたと評し得るのである。したがって，被告人には本件けん銃等の所持について，B，A，D 及び C らスワット 5 名等との間に共謀共同正犯が成立するとした第 1 審判決を維持した原判決の判断は，正当である」。

【解説】

　本件においては具体的な謀議行為が認められない。ただ，被告人とスワットとが阿吽の呼吸で，一方はけん銃等による警護を当然のこととして受け入れながら，他方はそのことを認識しつつけん銃等を所持しながら，行動をともにしているにすぎない。そこで一部の学説は，本件において被告人に作為による共犯を認めることはできず，せいぜい不作為による共犯として問責しうるにすぎ

ないという。

　たしかに，かりに被告人の関与が不作為による共犯としてのみとらえられるとしても，暴力団の組織構成上，被告人こそがスワットによるけん銃等所持の必要性を積極的に作り出しているのであるから，スワットに対してけん銃等の所持をやめさせる作為義務を基礎づけることができ，かつそれは容易だったであろうから，被告人をけん銃等所持罪の（不作為による）共同正犯として処罰することは可能であろう。しかし，問題はそのように解さなければならないかである。そして，スワットがけん銃等を所持したうえ自身の警護にあたるであろうことを十分に知悉しながら，さまざまな（自身にとり）危険な場所におもむくのは，もはや作為による共犯と評価しうるように思われる。

　こうして本判例は，具体的な謀議行為がなくとも，「阿吽の呼吸」というかたちでの黙示の意思連絡と，被告人の行動こそがスワットらのけん銃等所持の本質的な理由になっていること，すなわち，学説のいう重要な役割がそろうことにより，共謀共同正犯が成立しうることを認めたものととらえることができよう。他方，本判例は「確定的に認識」とも述べているが，これは，本件においては確定的に認識していたというにとどまり，一部の学説がいうように，共謀共同正犯の成立を確定的故意による場合に限定したものと解するべきではない（最決平成19・11・14刑集61巻8号757頁も参照。さらに，最決平成21・10・19判タ1311号82頁は類似の事案において，「確定的に」を飛ばして認定している）。

67. 付加的共同正犯

最決平成 30・10・23 刑集 72 巻 5 号 471 頁

【事実】

「被告人は，平成 27 年 6 月 6 日午後 10 時 34 分頃，北海道砂川市内の片側 2 車線道路において，第 1 車線を進行する A 運転の普通乗用自動車（以下「A 車」という。）のすぐ後方の第 2 車線を，普通貨物自動車（以下「被告人車」という。）を運転して追走し，信号機により交通整理が行われている交差点（以下「本件交差点」という。）を 2 台で直進するに当たり，互いの自動車の速度を競うように高速度で走行するため，本件交差点に設置された対面信号機（以下「本件信号機」という。）の表示を意に介することなく，本件信号機が赤色を表示していたとしてもこれを無視して進行しようと考え，A と共謀の上，本件信号機が約 32 秒前から赤色を表示していたのに，いずれもこれを殊更に無視し，A が，重大な交通の危険を生じさせる速度である時速約 111 km で本件交差点内に A 車を進入させ，その直後に，被告人が，重大な交通の危険を生じさせる速度である時速 100 km を超える速度で本件交差点内に被告人車を進入させたことにより，左方道路から信号に従い進行してきた B 運転の普通貨物自動車（C，D，E 及び F 同乗）に A が A 車を衝突させて，C 及び D を車外に放出させて路上に転倒させた上，被告人が被告人車で D をれき跨し，そのまま車底部で引きずるなどし，よって，B，C，D 及び E を死亡させ，F に加療期間不明のびまん性軸索損傷及び頭蓋底骨折等の傷害を負わせた」。

【決定要旨】

「原判決が是認する第 1 審判決の認定及び記録によれば，被告人と A は，本件交差点の 2 km 以上手前の交差点において，赤色信号に従い停止した第三者運転の自動車の後ろにそれぞれ自車を停止させた後，信号表示が青色に変わると，共に自車を急激に加速させ，強引な車線変更により前記先行車両を追越し，制限時速 60 km の道路を時速約 130 km 以上の高速度で連なって走行し続けた末，本件交差点において赤色信号を殊更に無視する意思で時速 100 km を上回る高速度で A 車，被告人車の順に連続して本件交差点に進入させ，前記 1〔事実〕の事故に至ったものと認められる。

　上記の行為態様に照らせば，被告人と A は，互いに，相手が本件交差点に

おいて赤色信号を殊更に無視する意思であることを認識しながら，相手の運転行為にも触発され，速度を競うように高速度のまま本件交差点を通過する意図の下に赤色信号を殊更に無視する意思を強め合い，時速100 kmを上回る高速度で一体となって自車を本件交差点に進入させたといえる。

　以上の事実関係によれば，被告人とAは，赤色信号を殊更に無視し，かつ，重大な交通の危険を生じさせる速度で自動車を運転する意思を暗黙に相通じた上，共同して危険運転行為を行ったものといえるから，被告人には，A車による死傷の結果も含め，法2条5号の危険運転致死傷罪の共同正犯が成立するというべきである。したがって，前記1の危険運転致死傷罪の共同正犯の成立を認めた第1審判決を是認した原判断は，正当である」。

【解説】

　本件のように，複数人がおのおの，他者の行為を介さずに結果を生じさせれば単独正犯が成立しうるような行為に出たものの，実際には一部の者についてしか単独正犯が成立しえないというとき，共同正犯という法形象を用いて，残部の者に対しても当該結果についての責任を負わせることができないか。このような議論が学説において古くからなされており，さらに，そこにいう共同正犯の形態を**付加的共同正犯**とよんでいる。

　このような付加的共同正犯を認定する解釈論としては2種類のものがあり，1つ目は，単独正犯となりうるような行為を意思連絡のもとに行った，という事実そのものが残部の者を共同正犯たらしめる，と解する。しかし，ここで共同正犯の成否が問われているのはあくまで結果についてなのだから，それと無関係であった行為を行ったとしても，当該結果に対する罪責をただちに基礎づけることはできない。また，具体的な結論としても，たとえば，残部の者が一部の者にそのような行為を行うものと信じ込ませただけであり，現実には違った，という場合でも共同正犯とすべきであるとすれば，そのような行為を行ったこと自体は本質的でないというべきである。

　そこで，付加的共同正犯もまた結果については共謀共同正犯であるにすぎず，ただ，単独正犯となりうるような行為を残部の者もすぐ横で行っている，という事実が一部の者に強烈な心理的因果性を及ぼしがちであり，それゆえ，事実上，共謀共同正犯の成立要件がみたされうるだけだ，と解する2つ目の解釈論

のほうが妥当であろう。そうすると，付加的共同正犯とは煎じ詰めれば仮象問題であった，ということになる。

　本判例は，暗黙の意思疎通と，共同して危険運転行為を行ったことという，共同正犯一般がみたさなければならない要件しか認定せずに被告人を共同正犯としているから，いずれの解釈論を前提にしているとも確言しえない。今後の判例の展開が待たれるところである。

68. 共同正犯と幇助犯の区別——共同正犯とされた例

最決昭和 57・7・16 刑集 36 巻 6 号 695 頁

【事実】

　大麻の密輸入を計画した甲からその実行担当者になってほしい旨頼まれた被告人が，大麻を入手したい欲求にかられ，執行猶予中の身であることを理由にこれを断ったものの，知人の丙に対し事情を明かして協力を求め，同人を自己の身代りとして甲に引き合わせるとともに，密輸入した大麻の一部をもらい受ける約束のもとにその資金の一部を甲に提供した。

【決定要旨】

　「原判決の認定したところによれば，被告人は，タイ国からの大麻密輸入を計画した甲からその実行担当者になつて欲しい旨頼まれるや，大麻を入手したい欲求にかられ，執行猶予中の身であることを理由にこれを断つたものの，知人の丙に対し事情を明かして協力を求め，同人を自己の身代りとして甲に引き合わせるとともに，密輸入した大麻の一部をもらい受ける約束のもとにその資金の一部（金 20 万円）を甲に提供したというのであるから，これらの行為を通じ被告人が甲及び丙らと本件大麻密輸入の謀議を遂げたと認めた原判断は，正当である」。

【解説】

　かりに片面的幇助を肯定しつつ片面的共同正犯を否定するのであれば，意思の連絡がない場合には幇助犯にしかなりえないのであり，「共同正犯と幇助犯の区別」という論点は意味を失う。しかし，本件のように意思の連絡自体は疑いなく存在する事例においては，共同正犯（60 条）と幇助犯（62 条 1 項）をいかにして区別するかが重要な問題となりうる。

　実務的には，総合的に見て「自己の犯罪」として行った者が共同正犯であるのに対し，あくまで「他者の犯罪」に加功したにとどまる者が幇助犯である，と表現されることがある。そして，そこにいう総合的判断においては，寄与の重大性や利益の帰属，正犯意思等，さまざまな事情が斟酌されることになる。もっとも，そのような総合判断を突き詰めると，共同正犯と幇助犯の区別は単なる量刑事情に解消されてしまいかねない。そして，このような事態は，刑法が共同正犯と幇助犯をあくまで不法類型の違いに位置づけ，処断刑以外の差

——たとえば，過失による場合の可罰性，狭義の共犯を処罰しない犯罪の存在
等——をもこれに結びつけていることと整合しないように思われる。

　こうして，共同正犯と幇助犯の区別は原則として，侵害経過において関与者
の果たした**役割の重要性**によって行われるべきである。これを本件について見
ると，被告人は知人を大麻密輸の実行担当者として紹介したうえ，大麻をもら
い受ける約束のもとに資金提供までしているのであるから，その果たした役割
は非常に重要なものといえ，共同正犯が成立しうると思われる。他方，実際に
大麻をもらい受けたことそれ自体は，共同正犯と幇助犯の区別において本質的
重要性をもたないであろう。ただ，「実際に大麻をもらい受けた→大麻をもら
い受ける約束が事前にあった→そのような約束ができるほど重要な役割を与え
られていた」という推論は多くの場合に可能であり，その限りにおいて共同正
犯性を間接的に基礎づけるということはできる。

　なお，本判例は他の多くの（幇助犯とは異なる共同正犯性を肯定する）判例と
同様，謀議ないし共謀の存在を認定している。むろん，謀議という言葉をどの
ような意味で使うことも論理的には自由であるが，謀議はすでにさまざまな意
味で使われておりむしろ意味をスリム化すべきであること，謀議は語感の問題
として主観面に重点をおいたものと解されることなどから，ここでは端的に共
同正犯性と表現するほうが妥当であろう。

69. 共同正犯と幇助犯の区別——幇助犯とされた例

福岡地判昭和 59・8・30 判時 1152 号 182 頁

【事実】

Y, O, K および B の 4 名は, かねてから対立抗争の関係にあった暴力団の幹部 H を殺害するとともに, 同団体の資金源である覚醒剤を奪取しようと企てた。具体的には, H と面識のあった B が覚醒剤取引を口実に H をホテルにおびき出したうえ, K がけん銃で H を殺害するとともに, B において H の持参した覚醒剤を強取する旨の共謀を遂げた。犯行当日, B において H をホテルの一室におびき出すとともに, 覚醒剤取引の仲介を装い, H の持参した覚醒剤約 1.4 kg を買主に見分させると称して同人から受け取り, 同室から搬出した直後, K において B と入れ替わりに同室に入り, 至近距離から H めがけて所携のけん銃で実包 5 発を発射し, いずれも同人の左上腕部・背部・腹部等に命中させて前記覚醒剤を強取した。もっとも, H が防弾チョッキを着用していたため, 同人に対し, 全治 2 か月間を要する左上腕貫通銃創・左上腕骨々折等の重傷を負わせたにとどまり, 殺害するに至らなかった。

このような経緯のもとで, 被告人は B らの前記犯行に際し, 前記共謀の内容を知悉しながら, いずれも B の指示・命令により, まず, K とともに H をおびき出すホテルを捜し, 前記ホテルにおいて 2 室を予約した。さらに, 覚醒剤の買手と売手である H との取り次ぎ役を装って, B と H のいる部屋と売手がいると称する別室を行き来したり, H の面前において, B が「まだ, 向こうは品物を見せんといかん, いいよるんか」, 「やっぱりつまらんいいよるんか」と問うたのに対し, いずれも「はい」と答え, あたかも別室には真実覚醒剤の買手がいるかの如く装ったりした。また, H が持参した覚醒剤を買手に検分させることを了承するや, 別室に覚醒剤を搬出・運搬するとともに, さらに, 同室において所携のショルダーバッグに覚醒剤を入れ, B とともにショルダーバッグを持って, ただちにホテルを脱出した。

【判旨】

「およそ共同正犯が成立するためには, 各行為者にそれぞれ共同実行の意思が認められることも必要であることは多言を要しないが, 行為者が実行行為の一部を分担する場合, 一般にほとんど右共同実行の意思が問題にならないのは,

右実行行為一部分担の事実のみから，通常極めて容易に共同実行の意思が推認されるからであろう。しかしながら，実行行為一部分担の事実も，結局は共同実行意思認定の一つの有力な判断材料にすぎないことに鑑みると，当該行為者が右実行行為に及んだ事情や当該犯罪全体に占める右行為者の行為の意義の如何を問わず，単に実行行為の一部を分担したことの一事のみで，常に共同実行の意思ありと解するのは相当でないと言うべきであって，前記推認を覆すに足りるような特段の事情の存する場合においては，たとえ当該行為者が形式上実行行為の一部に該当する行為を行なった場合であっても，共同実行の意思の存在を否定して，幇助犯の成立を認めるのが相当である」。

【解説】

　被告人は強盗殺人未遂罪（240条後段，243条）の共同正犯（60条）として起訴されたものの，本判例はこれを幇助犯（62条1項）に落として認定した。

　もともと検察官は，被告人がみずから財物である覚醒剤をホテルの部屋から搬出し，奪取している以上，被告人はまさに実行行為の重要な一部を分担したものであるから，共同正犯者としての刑責を免れない旨，主張していた。すなわち，実行行為の重要部分の分担がありさえすれば，ただちに共同正犯になるというのである。

　たしかに，強盗殺人未遂罪における財物の占有移転行為は実行行為の重要部分といわざるをえないであろう（財物の占有移転行為まで想定していなければ財産犯とはなりえず，せいぜい殺人未遂罪にとどまる）。しかし，本判例は共同実行の意思を共同正犯の必須の成立要件と解したうえで，実行行為の分担は同意思を認定するための一資料にすぎず，たとえ被告人が実行行為を分担していても，特段の事情があれば同意思が否定され共同正犯は成立しなくなるという。そして本件においては，被告人が知らぬ間に巻き込まれていたこと，犯行に加担する積極的な理由がなかったこと，謀議においてもさしたる役割を果たしていないこと，報酬の約束も現実の報酬もなかったこと，逐一Bの命令に従って行動していたこと，覚醒剤の搬出にとり被告人が不可欠ともいえなかったこと，等の諸事情を総合的に検討したうえで，被告人に正犯意思，すなわち，共同実行の意思を欠如させる特段の事情が存在するとしたのである。

　被告人とBらとの間に十分な意思連絡の存する本件において共同正犯の成

立を阻却するためには，犯行において被告人の果たした役割が重要なものでは
なかったことを論証する必要がある。そして，ここにいう犯行とは犯罪の実行
行為全体を意味しているのであるから，たとえ実行行為の一部を分担したとし
ても，残部につきわずかないしゼロに近い影響しか与えていないことにより，
全体として見れば重要でない役割しか果たしていない，という事態は十分に考
えられうる。さらに，通常，役割の重要性は，それを果たさないことがどのく
らい犯行を挫折させるチャンスを高めたかによって判断されるのであるから，
覚醒剤の奪取以外の部分について，被告人の関与がなければどの程度大きな障
害が生じたかが問われることになる。本件で被告人は，（いなくても大して困ら
ない）「おまけ」のような存在だったようであり，幇助に落とすことが不可能
ではなかろう。

　ただし，本判例が考慮した事情の中には，共同正犯と幇助犯の区別にとって
ただちに重要とはいえないものも含まれている。たとえば，犯行の積極的な動
機や報酬がなかったことは，役割の重要性にとってただちに意味があるとはい
えないであろう。その意味で，これらの事情はあくまで，役割の重要性を認定
するための間接証拠として位置づけるべきだと思われる。

70. 過失の共同正犯

最決平成 28・7・12 刑集 70 巻 6 号 411 頁＝明石歩道橋事件

【事実】

「(1) 平成 13 年 7 月 21 日午後 7 時 45 分頃から午後 8 時 30 分頃までの間，大蔵海岸公園において，第 32 回明石市民夏まつり（以下「本件夏まつり」という。）の行事である花火大会等が実施されたが，その際，最寄りの西日本旅客鉄道株式会社朝霧駅と同公園とを結ぶ本件歩道橋に多数の参集者が集中して過密な滞留状態となった上，花火大会終了後朝霧駅から同公園へ向かう参集者と同公園から朝霧駅へ向かう参集者が押し合ったことなどにより，強度の群衆圧力が生じ，同日午後 8 時 48 分ないし 49 分頃，同歩道橋上において，多数の参集者が折り重なって転倒し，その結果，11 名が全身圧迫による呼吸窮迫症候群（圧死）等により死亡し，183 名が傷害を負うという本件事故が発生した。
(2) 当時明石警察署署長であった C（以下「C 署長」という。）は，同警察署管轄区域内における警察の事務を処理し，所属の警察職員を指揮監督するものとされており，同警察署管内で行われる本件夏まつりにおける同警察署の警備計画（以下「本件警備計画」という。）の策定に関しても最終的な決定権限を有していた。

B 地域官は，地域官として，明石警察署の雑踏警備を分掌事務とする係の責任者を務めていたところ，平成 13 年 4 月下旬頃，C 署長に本件警備計画の策定の責任者となるよう指示され，これを受けて，明石市側との 1 回目及び 2 回目の検討会に出席し，配下警察官を指揮して本件警備計画を作成させるなどした。B 地域官は，C 署長の直接の指揮監督下にあり，本件警備計画についても具体的な指示を受けていた。

被告人は，明石警察署副署長として，同警察署内の警察事務全般にわたって，C 署長を補佐するとともに，その命を受けて同警察署内を調整するため配下警察官を指揮監督する権限を有していた。被告人は，本件警備計画の策定に当たって，いずれも C 署長の指示に基づき，B 地域官の指揮下で本件警備計画を作成していた警察官に助言し，明石市側との 3 回目の検討会に出席するなどした。また，被告人が同警察署の幹部連絡会において，本件警備計画の問題点を指摘し，C 署長がこれに賛成したこともあった。

（3）本件事故当日，C署長は，明石警察署内に設置された署警備本部の警備本部長として，雑踏対策に加え，暴走族対策，事件対策を含めた本件夏まつりの警備全般が適切に実施されるよう，現場に配置された各部隊を指揮監督し，警備実施を統括する権限及び義務を有していた。C署長は，本件事故当日のほとんどの場面において，自ら現場の警察官からの無線報告を聞き，指示命令を出していた。

　被告人は，本件事故当日，署警備本部の警備副本部長として，本件夏まつりの警備実施全般についてC署長を補佐する立場にあり，情報を収集してC署長に提供するなどした上，不測の事態が発生した場合やこれが発生するおそれがあると判断した場合には，積極的にC署長に進言するなどして，C署長の指揮権を適正に行使させる義務を負っており，実際に，署警備本部内において，現場の警察官との電話等により情報を収集し，C署長に報告，進言するなどしていた。

　なお，署警備本部にいたC署長や被告人が本件歩道橋付近に関する情報を収集するには，現場の警察官からの無線等による連絡や，テレビモニター（本件歩道橋から約200m離れたホテルの屋上に設置された監視カメラからの映像を映すもので，リモコン操作により本件歩道橋内の人の動き等をある程度認識することはできるもの）によるしかなかった。

　一方，B地域官は，本件事故当日，大蔵海岸公園の現場に設けられた現地警備本部の指揮官として，雑踏警戒班指揮官ら配下警察官を指揮し，参集者の安全を確保すべき業務に従事しており，現場の警察官に会って直接報告を受け，また，明石市が契約した警備会社の警備員の統括責任者らと連携して情報収集することができ，現場付近に配置された機動隊の出動についても，自己の判断で，C署長を介する方法又は緊急を要する場合は自ら直接要請する方法により実現できる立場にあった」。

【決定要旨】

　「業務上過失致死傷罪の共同正犯が成立するためには，共同の業務上の注意義務に共同して違反したことが必要であると解されるところ，以上のような明石警察署の職制及び職務執行状況等に照らせば，B地域官が本件警備計画の策定の第一次的責任者ないし現地警備本部の指揮官という立場にあったのに対し，

被告人は，副署長ないし署警備本部の警備副本部長として，C署長が同警察署の組織全体を指揮監督するのを補佐する立場にあったもので，B地域官及び被告人がそれぞれ分担する役割は基本的に異なっていた。本件事故発生の防止のために要求され得る行為も，B地域官については，本件事故当日午後8時頃の時点では，配下警察官を指揮するとともに，C署長を介し又は自ら直接機動隊の出動を要請して，本件歩道橋内への流入規制等を実施すること，本件警備計画の策定段階では，自ら又は配下警察官を指揮して本件警備計画を適切に策定することであったのに対し，被告人については，各時点を通じて，基本的にはC署長に進言することなどにより，B地域官らに対する指揮監督が適切に行われるよう補佐することであったといえ，本件事故を回避するために両者が負うべき具体的注意義務が共同のものであったということはできない。被告人につき，B地域官との業務上過失致死傷罪の共同正犯が成立する余地はないというべきである」。

【解説】

　本判例は，最高裁としてはじめて過失の共同正犯の成立要件を明らかにしつつ，これを具体的な事実関係にあてはめて過失の共同正犯の成立を否定したものである。一方，学説においては，過失の共同正犯をめぐって古くからさまざまな議論が行われてきた。

　まず否定説は，過失犯においては単独正犯しか観念しえない，たとえ共同正犯を観念しうるとしても，いきおい処罰範囲が過大なものとなりがちであるから，政策的な観点から過失同時犯のみを処罰可能とすべきである，などと主張してきた。しかし，前者は目的的行為論という特殊な刑法体系に基づく主張にすぎないし，後者も，過失的に行為する複数人のいずれについても結果との因果関係を認定しえない，というケースを想定すると，かえって処罰範囲が過小となってしまうように思われる。

　次に肯定説であるが，第1に，本判例のように，共同の注意義務に共同して違反したことをもって，過失の共同正犯を基礎づける見解がありうる。もっとも，そこにいう共同の注意義務の具体的な中身は必ずしも明らかではなく，複数人に同一内容の注意義務が課されているという趣旨なのか，それとも，複数人が一緒になってはじめて履行可能な注意義務が課されているという趣旨なの

か, はたまた, 他人に注意義務を履行するようはたらきかける注意義務が課されているという趣旨なのか, あるいは, まったく別の趣旨なのかも判然としない。さらに, より本質的であるのは, 故意犯におけるのと異なり, 共同正犯となりうる行為の種類が特段の根拠もなくあらかじめ限定されている, という問題である。共同でない注意義務を課されている複数人が, 一緒になってゲームに興じることで不注意を促進し合い, その結果, 複数人がおのおのの注意義務に違反することとなった, というケースであっても過失の共同正犯とすべきであろう。

　そこで第2に, 過失の共同正犯もまた故意の共同正犯と同様, 共同性と重要な役割によって基礎づければ足り, ただ, たとえば, 意思連絡の内容に結果を引き起こすことまでが含まれていないだけだ, と解する見解もありえよう。こちらのほうが体系的に一貫しているように思われる。また, 十分な処罰範囲を確保しうるという点でも魅力的である。そして, 本判例はたしかに文理上は第1の見解を出発点としているが, 被告人とB地域官の注意義務違反が独立に行われている事案であることにかんがみれば, 第2の見解によっても同一の結論に到達しうる点に注意する必要がある。

71. 予備罪の共同正犯

最決昭和 37・11・8 刑集 16 巻 11 号 1522 頁

【事実】

　被告人が従兄である A から，B を殺害するために青酸カリの入手方の依頼を受け，これを承諾して，C から譲り受けた青酸ソーダを A に手交した。

【決定要旨】

　「被告人の判示所為を殺人予備罪の共同正犯に問擬した原判決の判断は正当と認める」。

【解説】

　予備罪に（共同正犯〔60 条〕を含む）共犯という法形象を観念しうるか，についてかつては激しい争いがあった。

　ある見解が，共犯が実行行為に対してしか成立しえないという命題と，実行行為とは基本的構成要件に該当する行為であるという命題とをあわせ考慮することで，予備行為は実行行為といえない以上，これに共犯を観念する理論的余地は存在しない，と主張した。これを**実行行為概念の絶対性**という。

　もっとも，よく考えてみると，前記 2 つの命題における実行行為を完全に同義に解する必然性はまったく存在しない。まず後者の実行行為は，それが正犯のとくに既遂をもたらす，あるいは，それに着手すれば未遂犯が成立しうる，という観点から導かれた概念である。これに対して前者の実行行為は，共犯に対して共犯が成立することは原則として認められず，これを認めるためには（共犯の一般的な処罰規定とは別の）特別な規定が必要である，という観点から導かれた概念である。このように，2 つの実行行為はその趣旨，内容を異にするのであるから，予備罪にも（共犯とは区別された）正犯という形態を観念することができる以上，かりに予備行為への着手が——当然のことではあるが——未遂犯を基礎づけえないとしても，なお予備罪の共犯を認めることは十分に可能であろう。

　本判例はとくに理由を述べていないが，予備罪の共同正犯を肯定する背景にある理論的根拠が前記のようなところに求められているとすれば妥当である。

72. 承継的共犯——傷害罪

最決平成 24・11・6 刑集 66 巻 11 号 1281 頁

【事実】

被告人は，A らが共謀して C らに暴行を加え，傷害を負わせた後に，A らに共謀加担したうえ，金属製はしごや角材を用いて D の背中や足，C の頭，肩，背中や足を段打し，D の頭を蹴るなどさらに強度の暴行を加えており，少なくとも，共謀加担後に暴行を加えた前記部位については C らの傷害を相当程度重篤化させた。

【決定要旨】

「被告人は，共謀加担前に A らが既に生じさせていた傷害結果については，被告人の共謀及びそれに基づく行為がこれと因果関係を有することはないから，傷害罪の共同正犯としての責任を負うことはなく，共謀加担後の傷害を引き起こすに足りる暴行によって C らの傷害の発生に寄与したことについてのみ，傷害罪の共同正犯としての責任を負うと解するのが相当である。原判決の……認定は，被告人において，C らが A らの暴行を受けて負傷し，逃亡や抵抗が困難になっている状態を利用して更に暴行に及んだ趣旨をいうものと解されるが，そのような事実があったとしても，それは，被告人が共謀加担後に更に暴行を行った動機ないし契機にすぎず，共謀加担前の傷害結果について刑事責任を問い得る理由とはいえないものであって，傷害罪の共同正犯の成立範囲に関する上記判断を左右するものではない」。

【解説】

承継的共犯とは，自身の関与以前に正犯者ないし共同正犯者が生じさせた不法について，自身も共犯ないし共同正犯としての罪責を負うか，という問題である。

本判例の原判決（高松高判平成 23・11・15 刑集 1324 頁参照）は，実質的に大阪高判昭和 62・7・10 高刑集 40 巻 3 号 720 頁に依拠しつつ，「被告人において，〔A ら〕の行為及びこれによって生じた結果を認識，認容し，さらにこれを制裁目的による暴行という自己の犯罪遂行の手段として積極的に利用する意思のもとに，一罪関係にある傷害に途中から共謀加担し，上記行為等を現にそのような制裁の手段として利用したものであるから，被告人は，被告人が加担する

以前の〔Aら〕による傷害を含めた全体について，承継的共同正犯として責任を負うものと解される」とする。そして，これに対して本判例は，そのようなロジックを排斥して承継を否定したのである。

　人は過去の事柄に影響を与えることができないのであるから，近代法以来の**個人責任の原則**によるならば，本判例の考え方のほうが妥当であろう。むろん，そのように解するときは後行者の可罰範囲が限定されることになるが，それは本判例に付された千葉勝美裁判官の補足意見で述べられているような，傷害結果の柔軟な認定方法によって相当程度緩和しうるように思われる。

　なお，ここで本判例の射程について2点注記しておく。

　第1に，かりに，一般論として**同時傷害の特例**（207条）を承継的共同正犯の事例にも適用ないし準用しうるとしても，本件において同特例を適用ないし準用することは不可能である。そこでは，被告人の関与前に生じていた傷害結果とそれ以外とが区別して認定されているからである。したがって，本判例が同特例に言及していないことをもって，最高裁が一般論としても承継的共同正犯の事例に同特例を適用ないし準用しない旨を明らかにしたものだ，ととらえることはできない。そして，共犯関係が証明された，より悪質な事案がより軽く処断されるという不均衡を避けるためには，一般論としては同特例の適用ないし準用を肯定しておくほうがよいように思われる（近時の肯定例として，最決令和2・9・30刑集74巻6号669頁がある）。

　第2に，本判例はさしあたり傷害結果の承継を否定したものにすぎず，詐欺（246条）・恐喝（249条）・強盗（236条）等の各罪において，後行者を同罪の共犯とする余地まで排除したものではない（現に，前記補足意見はその余地を積極的に承認している）。そして学説でも，そのような**結合犯**においては実質的に承継を肯定する見解のほうが有力である。しかし，たとえば，詐欺罪の不法は，すでに錯誤に陥り，その意味で，財物等の占有を失いやすくなっている被害者から交付を受けることに尽きるものではなく，あくまで被害者をそのような状態に積極的におくことまで含んでおり，後者については傷害と同じ論理構造を有しているはずである。そして，そうであるとすれば，詐欺罪においても，受交付の段階からはじめて（情を知りつつ）関与した後行者には詐欺罪の共犯が成立しえないものと解すべきであろう（なお，学説には，後行者に被害者の錯誤

を除去する作為義務を認めることで不作為による詐欺罪の共犯を肯定するものもあ
るが，不作為による欺罔とは，あくまで被害者が錯誤に陥るのを義務に反して阻止
しないことを捕捉するにすぎず，すでに存在する被害者の錯誤を義務に反して除去
しないことはこれにあたらない点に注意を要する。それはちょうど，被害者の畏怖
状態を義務に反して除去しないことが不作為による脅迫〔222条〕にあたらず，ある
いは，被害者のけがを義務に反して治さないことが不作為による傷害〔204条〕にあ
たらないのと同様である）。

73. 承継的共犯——詐欺（未遂）罪

最決平成 29・12・11 刑集 71 巻 10 号 535 頁

【事実】

「C を名乗る氏名不詳者は，平成 27 年 3 月 16 日頃，A に本件公訴事実記載の欺罔文言を告げた（以下「本件欺罔行為」という。）。その後，A は，うそを見破り，警察官に相談してだまされたふり作戦を開始し，現金が入っていない箱を指定された場所に発送した。一方，被告人は，同月 24 日以降，だまされたふり作戦が開始されたことを認識せずに，氏名不詳者から報酬約束の下に荷物の受領を依頼され，それが詐欺の被害金を受け取る役割である可能性を認識しつつこれを引受け，同月 25 日，本件公訴事実記載の空き部屋で，A から発送された現金が入っていない荷物を受領した（以下「本件受領行為」という。）」。

【決定要旨】

「被告人は，本件詐欺につき，共犯者による本件欺罔行為がされた後，だまされたふり作戦が開始されたことを認識せずに，共犯者らと共謀の上，本件詐欺を完遂する上で本件欺罔行為と一体のものとして予定されていた本件受領行為に関与している。そうすると，だまされたふり作戦の開始いかんにかかわらず，被告人は，その加功前の本件欺罔行為の点も含めた本件詐欺につき，詐欺未遂罪の共同正犯としての責任を負うと解するのが相当である」。

【解説】

本判例は，判例 72 においてペンディングにされていた**詐欺罪の承継的共同正犯**について判示したものである（あくまで詐欺未遂罪の承継的共同正犯が認定されているにすぎないが，その理は既遂罪にも妥当するものと解されている）。この意味において，本判例は学説・実務の待望していたものであったが，残念ながら，その示す理論的な構造は必ずしも明確ではない。

一部の学説は，本判例が判例 72 に付された千葉勝美裁判官の補足意見のごとく，あくまで被告人が共謀加担したのちの侵害経過のみをもって詐欺未遂罪の共同正犯を認定したものだと解している。しかし，そのことをうかがわせるような言い回しはまったく用いられていないし，むしろ，そのように解した場合に必要となってくる**不能犯論**が，最高裁においてだけまったくふれられていないことがかえって奇妙である。

　これに対して多数説は，本判例が詐欺罪における欺罔行為と受領行為の一体性に着目し，両者を人工的に分断して，後者についてだけ共同正犯としての罪責を問うなどという発想が非常に不自然であることをいわんとしたものだと解している。このように解すると，本判例が欺罔行為後の事情（だまされたふり作戦の開始）を被告人の罪責に影響させていないことや，端的に「その加功前の本件欺罔行為の点も含めた」と共同正犯の対象を記述していることもきわめて整合的に説明しうる。しかし，むしろそうであるからこそ，本判例が個人責任の原則に違反しているのではないか，という問題が緊要性を増してくるように思われる。

74. 不作為による共犯

札幌高判平成 12・3・16 判時 1711 号 170 頁

【事実】

　被告人は，同棲中の男性Ａが，自身が親権者である３歳の子どもＤを暴行によりせっかん死させた際，何らこれを制止しなかった。

【判旨】

　「被告人に具体的に要求される作為の内容とこれによるＡの犯罪の防止可能性を，その容易性を含めて検討する。

1　まず，ＡとＤの側に寄ってＡがＤに暴行を加えないように監視する行為は，数ｍ離れた台所の流し台からＡとＤのいる寝室に移動するだけでなし得る最も容易な行為であるところ，関係証拠によれば，Ａは，以前，被告人がＡのせっかんの様子を見ているとせっかんがやりにくいとの態度を露わにしていた上，本件せっかんの途中でも，後ろを振り返り，被告人がいないかどうかを確かめていることが認められ，このようなＡの態度にかんがみると，被告人がＡの側に寄って監視するだけでも，Ａにとっては，Ｄへの暴行に対する心理的抑制になったものと考えられるから，右作為によってＡの暴行を阻止することは可能であったというべきである。

2　次に，Ａの暴行を言葉で制止する行為は，Ａを制止し，あるいは，宥める言葉にある程度の工夫を要するものの，必ずしも寝室への移動を要しない点においては，監視行為よりも容易になし得る面もあるところ，関係証拠によれば，Ａは，Ｄに対する暴行を開始した後も，Ｄ及び被告人の反応をうかがいながら，一発ずつ間隔を置いて殴打し，右暴行をやめる機会を模索していたものと認められ，このようなＡの態度にかんがみると，被告人がＡに対し，『やめて。』などと言って制止し，あるいは，Ｄのために弁解したり，Ｄに代わって謝罪したりするなどの言葉による制止行為をすれば，Ａにとっては，右暴行をやめる契機になったと考えられるから，右作為によってＡの暴行を阻止することも相当程度可能であったというべきである（被告人自身も，原審公判廷において，本件せっかんの直前，言葉で制止すれば，その場が収まったと思う旨供述している。）。

3　最後に，Ａの暴行を実力をもって阻止する行為についてみると，原判決も

判示するとおり，被告人が身を挺して制止すれば，Aの暴行をほぼ確実に阻止し得たことは明らかであるところ，右作為に出た場合には，Aの反感を買い，自らが暴行を受けて負傷していた可能性は否定し難いものの，Aが，被告人が妊娠中のときは，胎児への影響を慮って，腹部以外の部位に暴行を加えていたことなどに照らすと，胎児の健康にまで影響の及んだ可能性は低く……被告人がAの暴行を実力により阻止することが著しく困難な状況にあったとはいえないことを併せ考えると，右作為は，Aの犯罪を防止するための最後の手段として，なお被告人に具体的に要求される作為に含まれるとみて差し支えない。
4　そうすると，被告人が，本件の具体的状況に応じ，以上の監視ないし制止行為を比較的容易なものから段階的に行い，あるいは，複合して行うなどしてAのDに対する暴行を阻止することは可能であったというべきであるから，右1及び2の作為による本件せっかんの防止可能性を検討しなかった原判決の法令適用の誤りは，判決に影響を及ぼすことが明らかというべきである」。

【解説】

　作為に対し，不作為により関与する行為がいかなる不法類型を充足するかについては学説でも多くの議論がなされているが，その最大公約数をまとめるとおおよそ次のようになる。

　第1に，不作為がどのような不法類型に該当することになろうとも，まずは作為に出ることが義務づけられる地位，すなわち保障人的地位が要求される。そして，いかなる場合に保障人的地位ないし作為義務が発生するかということ自体が刑法において最も争われている点のひとつであるものの，少なくとも，問題となる法益を擁護するためとはいえ，他の重大な法益を犠牲にすることまでは要求されえないという点については一致がある（これを作為容易性という）。原判決（釧路地判平成11・2・12判時1675号148頁）が被告人を無罪としたのも，「被告人がAの暴行を実力により阻止しようとした場合には，かえって，Aの反感を買い，被告人がAから激しい暴行を受けて負傷していた相当の可能性のあったことを否定し難く，場合によっては胎児の健康にまで影響の及んだ可能性もある」ことが重要な要素として考慮されたからであり，それは畢竟，この作為容易性の欠如をいうものと理解することができよう。反対にいうと，本判例が被告人に作為義務を認めたのは事実認定の違いにより，この作為容易性

を肯定しうると判断したからである。

　第2に，不作為による関与を常に正犯ととらえる少数説も存在するが，作為
と不作為を同一の構成要件において処罰するわが国の刑法解釈論を前提とする
限り，このような不作為の「特別扱い」を正当化することはできないと思われ
る。もっとも，問題はその先にあり，不作為においても作為におけるのと同様，
幇助を寄与の小ささから基礎づけるとしても，作為と不作為が競合した場合に
は，不作為が消極的条件である分，原則としてその寄与が小さいと判断され幇
助犯になる，との見解が有力に主張されている。しかし，消極的条件の寄与を
積極的条件のそれとパラレルに判断するといいながら，同時に，消極的条件だ
から積極的条件よりも寄与が小さいと主張するのは矛盾である。むしろ，積極
的条件の寄与が「その欠如がどのくらい実行の障害となりえたか」という観点
から判断される以上，消極的条件の寄与もまた「その欠如＝作為に出ていれば
どのくらい実行の障害となりえたか」という観点から判断すべきであろう。

　第3に，作為による幇助の因果性が正犯行為の促進，容易化で足りるとした
ならば，不作為による幇助についても話は同じでなければならない。したがっ
て，作為に出ていれば正犯行為を困難化しえたことで足りると解すべきである。
本判例は，実質的にはこの点をも確認したものといえる。

75. 片面的幇助

東京地判昭和 63・7・27 判時 1300 号 153 頁

【事実】

　被告人の兄ら 3 名が共謀してけん銃の密輸入を企てたが，その一部は税関職員に発見されたためその目的を遂げなかった。なお，被告人はこれに先立って，テーブルを P 国内にある国際航空貨物輸出入運送業者支店に持ち込んだうえ，同所において，テーブル内にけん銃およびけん銃用実包が隠されているかもしれず，3 名がこれを日本国に密輸入して売りさばくつもりかもしれないと考えながら，けん銃およびけん銃用実包が隠匿されたテーブルにつき，妻名義の小切手で送料を支払うなどしてその発送手続を行った。

【判旨】

　「被告人は，本件テーブルの発送手続時点において，右テーブル内にけん銃及びその実包が隠されているかもしれず，C らがこれを日本に密輸して売り捌くつもりなのかもしれない旨の認識を，未必的に持つに至ったものと認められ，発送手続前においてかかる認識を持っていたものと認めるに足りる証拠はない。一方，被告人がけん銃等の隠匿を未必的に認識した後発送手続終了までの間，C，A の両名はその場におらず，また E 社に同行した A が，この僅かな時間内に被告人の右未必的認識を察知して，けん銃等の密輸行為につき被告人と互いに意思を相通じたと認めるに足りる証拠はなく，被告人の片面的，未必的認識の限度に止まると言うべきである。そして，被告人が本件密輸入に果たした役割をみると，被告人は，本件において，最終的には C，A から，D から F への本件テーブルの受け継ぎと，けん銃等の代金回収という重要な役割を依頼されているが，これを初めて打診されたのは，本件テーブルの発送手続後であり，被告人の来日が最終的に決まり，被告人がけん銃等の隠匿のことを A らから初めて告げられたのは，証拠上は日本国で既に判示密輸入行為を発覚した後であって，本件テーブルの発送手続時には，被告人は右のような重要な役割まで担うことについては認識がなかった。そして，右の来日後の役割を除くと，被告人がけん銃等の調達，隠匿等の実質的行為に関与したという証拠はなく，単に，貨物輸出入運送業者での本件テーブルの発送手続にかかわったのみであり，右発送手続自体も B 名義で行われているのであって，被告人の本件への関与

は，重要な部分に関するものではあるが，特に被告人でなくともなし得る形式
的・機械的行為を行ったにすぎない。加えて，被告人が，発送手続後，来日の
報酬として告げられた額も 500 ドルで，けん銃等の代金総額 375 万円と比較す
るとごく一部にすぎないのであって，これらの諸点を併せ考えると，判示けん
銃・実包の密輸入行為に際し，これにつき被告人が C らと共謀していたと認
めるには未だ証明十分とは言い難く，むしろ，被告人は，C や A らに利用さ
れ，本件テーブルの形式的な発送手続を行おうとしたが，右手続中 C らの密
輸入行為につき未必的な認識を持つに至ったものの，実兄からの依頼というこ
ともあって，これを幇助する意思のもとに，そのまま右発送手続を完了させた
ものと認められる。したがって，被告人には，判示のとおり，検察官が予備的
訴因として主張する幇助犯を認めるのが相当である」。

【解説】

　本件において，被告人と C らとの間には意思の連絡がなく，かつ，被告人
の果たした役割もそれほど重要なものではなかった。このうち後者の観点は，
被告人の関与を幇助（62 条 1 項）に「落とす」に十分な根拠となるものである
が，問題は前者の観点である。すなわち，かりに意思の連絡（本判例は，これ
と重要な役割をあわせて共謀と表現している）が共犯に必須の要件であるとすれ
ば（意思の連絡を欠く共犯を片面的共犯とよぶ），被告人は正犯とならない限り
――そして，被告人に C らを利用する間接正犯を認めることは困難である
――処罰されないことになってしまう。

　本判例はこのような解釈を採用しなかったが，学説には，意思の連絡を共犯
現象の中核的な要素ととらえるものもある。たとえば，共犯の本質を，複数人
が同心一体となり共同意思主体を形成し，その活動の一環として犯された不法
が各人に帰属されるところに求める共同意思主体説や，心理的因果性による集
団心理を通じた危険増加に求める見解がそれである。

　しかし，まず前者については，近代法以来の個人責任の原則に反するもので
あって妥当でない。他方，後者については，心理的因果性だけでなく物理的因
果性もまた深刻な危険増加をもたらしうるし，かりにこの点を措くとしても，
心理的因果性と意思の連絡は異なる概念であって，そのような主張を根拠に意
思連絡の必要性を根拠づけることはできないであろう。こうして，意思の連絡

がなくても共犯は成立しうるものと解すべきである。

　もっとも，有力な見解——判例も同様に理解されることが多い——はこれに一定の留保を付そうとする。すなわち，意思の連絡は狭義の共犯においては不要であるけれども，共同正犯（60条）においては例外的に必要になるというのである。その理由は，共同正犯は複数人が一体として基本的構成要件をみたせば単独でこれを実現したものと扱われる法技術であり，そうであるとすれば，各人の強固な一体性（これを共同性という）を基礎づける特別な要素が必要とされるところに求められている。

　たしかに，このような見解は基本的な思考方向においては正しいものを含んでいる。しかし，共同性を認めるのに意思の連絡が必須であるとは必ずしもいえないであろう。まず，意思の連絡といっても故意を共同するという狭義のそれではなく，不法を実現することとなる行為の遂行に関する広義のそれであっても足りる。また，意思連絡がなくても，複数人が相互に因果的な影響を及ぼし合っていれば，それらを一体として扱う十分な契機となりうるであろう。さらに，そのような相互的な因果的影響さえなくても，片面的関与者が被関与者の実行行為以前に因果的影響を与えるのみであとは放置したというのではなく，現場においても時宜に応じて手を差しのべ，あるいはそうする態勢を整えていたのであれば，それもまた実行を共同のものと評価する契機となりうるように思われる。

76. 幇助の因果性

東京高判平成 2・2・21 判夕 733 号 232 頁

【事実】

　強盗殺人の正犯 A が，当初の計画どおり地下室で被害者を射殺することをせず，同所から遠く離れた場所を走行中の自動車内で実行に及んだ。なお，被告人は A の前記犯行に先立ち，①同人がビルの地下室内で G をけん銃で射殺する計画をしていた際，C とともに，けん銃音が同建物の外部に漏れることを防止するため，同地下室の入口戸の周囲のすき間等をガムテープで目張りしたり，換気口を毛布で塞いだりするとともに，②D もしくは E の運転する普通乗用車に同乗して，前記 C の運転する自動車に追従し，前記殺害現場に至るなどした。

【判旨】

　①につき幇助犯の成立を否定

　「A は，現実には，当初の計画どおり地下室で本件被害者を射殺することをせず，同人を車で連れ出して，地下室から遠く離れた場所を走行中の車内で実行に及んだのであるから，被告人の地下室における目張り等の行為が A の現実の強盗殺人の実行行為との関係では全く役に立たなかったことは，原判決も認めているとおりであるところ，このような場合，それにもかかわらず，被告人の地下室における目張り等の行為が A の現実の強盗殺人の実行行為を幇助したといい得るには，被告人の目張り等の行為が，それ自体，A を精神的に力づけ，その強盗殺人の意図を維持ないし強化することに役立ったことを要すると解さなければならない」。

【解説】

　幇助犯（62 条 1 項）が成立するために必要な因果性の内容としては，一般に，幇助行為がなければ正犯の犯行が確実に挫折させられていたこと（**結果回避可能性**）までは要求されず，ただ，それが正犯の犯行を**促進・容易化**していれば足りるものと解されている。そして，そこにいう促進や容易化の有無は，「幇助行為がなければ，そのことが正犯の犯行の有意な障害となりうるか」というかたちで判断されることになる。また，促進や容易化は正犯の犯行の物理的側面に関わるもの（**物理的因果性**）に限らず，心理的側面を経由するもの（**心理**

的因果性）であってもかまわないとされる。これを本件の①について見ると，かりに被告人が目張り等をしなくても正犯の現実の犯行が挫折させられるチャンスはゼロなのであるから，その間に促進や容易化を見出すことはできない。したがって，この点につき幇助犯の成立を否定した本判例は妥当である。

　他方，原判決は幇助犯の成立を肯定しているが，それは幇助の因果性に関する特殊な立場を前提としているように思われる。すなわち，正犯と異なり幇助犯は，必ずしも正犯を介した不法の実現につき因果関係を有している必要はなく，ただ，正犯の犯行を促進・容易化するチャンスを高めるような性質を有していれば十分である，と。これを**危険増加理論**という。

　しかし，このような立場は妥当でない。通常，危険増加理論とは，自然科学的，事実的因果関係が存在することを前提に，結果回避可能性まで要求したのでは帰責範囲が狭くなりすぎることに着目し，結果回避可能性に代えて危険増加で足りるとする発想を指している。他方，ここでは危険増加が結果回避可能性にとどまらず，自然科学的，事実的因果関係までをも代替させられており，その結果，幇助犯が単なる危険犯へと変貌させられている。これは，共犯もあくまで――正犯を介するという間接的な形態においてであれ――不法を因果的に引き起こしたがゆえに処罰される，という**因果的共犯論**の根幹部分と抵触するものであろう。

77. 中立的行為による幇助

最決平成23・12・19刑集65巻9号1380頁＝ Winny 事件

【事実】

　被告人はファイル共有ソフトである「Winny（ウィニー）」を開発・公開し，インターネットを利用する不特定多数の者に提供した。正犯者ら2名はこれを利用し，著作権者の許諾を得ずにゲームソフトや映画の各情報をインターネット上で自動公衆送信しうる状態にして，著作権者が有する公衆送信権を侵害した。

【決定要旨】

　「(1)刑法62条1項の従犯とは，他人の犯罪に加功する意思をもって，有形，無形の方法によりこれを幇助し，他人の犯罪を容易ならしむるものである（最高裁昭和24年（れ）第1506号同年10月1日第二小法廷判決・刑集3巻10号1629頁参照）。すなわち，幇助犯は，他人の犯罪を容易ならしめる行為を，それと認識，認容しつつ行い，実際に正犯行為が行われることによって成立する。原判決は，インターネット上における不特定多数者に対する価値中立ソフトの提供という本件行為の特殊性に着目し，『ソフトを違法行為の用途のみに又はこれを主要な用途として使用させるようにインターネット上で勧めてソフトを提供する場合』に限って幇助犯が成立すると解するが，当該ソフトの性質（違法行為に使用される可能性の高さ）や客観的利用状況のいかんを問わず，提供者において外部的に違法使用を勧めて提供するという場合のみに限定することに十分な根拠があるとは認め難く，刑法62条の解釈を誤ったものであるといわざるを得ない。

　(2)もっとも，Winnyは，1, 2審判決が価値中立ソフトと称するように，適法な用途にも，著作権侵害という違法な用途にも利用できるソフトであり，これを著作権侵害に利用するか，その他の用途に利用するかは，あくまで個々の利用者の判断に委ねられている。また，被告人がしたように，開発途上のソフトをインターネット上で不特定多数の者に対して無償で公開，提供し，利用者の意見を聴取しながら当該ソフトの開発を進めるという方法は，ソフトの開発方法として特異なものではなく，合理的なものと受け止められている。新たに開発されるソフトには社会的に幅広い評価があり得る一方で，その開発には迅

速性が要求されることも考慮すれば，かかるソフトの開発行為に対する過度の
萎縮効果を生じさせないためにも，単に他人の著作権侵害に利用される一般的
可能性があり，それを提供者において認識，認容しつつ当該ソフトの公開，提
供をし，それを用いて著作権侵害が行われたというだけで，直ちに著作権侵害
の幇助行為に当たると解すべきではない。かかるソフトの提供行為について，
幇助犯が成立するためには，一般的可能性を超える具体的な侵害利用状況が必
要であり，また，そのことを提供者においても認識，認容していることを要す
るというべきである。すなわち，ソフトの提供者において，当該ソフトを利用
して現に行われようとしている具体的な著作権侵害を認識，認容しながら，そ
の公開，提供を行い，実際に当該著作権侵害が行われた場合や，当該ソフトの
性質，その客観的利用状況，提供方法などに照らし，同ソフトを入手する者の
うち例外的とはいえない範囲の者が同ソフトを著作権侵害に利用する蓋然性が
高いと認められる場合で，提供者もそのことを認識，認容しながら同ソフトの
公開，提供を行い，実際にそれを用いて著作権侵害（正犯行為）が行われたと
きに限り，当該ソフトの公開，提供行為がそれらの著作権侵害の幇助行為に当
たると解するのが相当である」。

【解説】

　中立的行為による幇助とは，適法にも違法にも用いることのできる──その
意味で，適法・違法の区別に対して中立的な──便益の供与が，どのような根
拠に基づき，いかなる範囲で幇助犯（62条1項）を構成するか，という問題で
ある。本件で問題となった Winny も，適法な用途にも供しうるファイル共有
ソフトであって，ただ，それが正犯に悪用されたというにすぎない。ここから
も分かるように，この問題は正犯による前記便益の用い方いかんにかかわるも
のであるから，正犯としての可罰性が問題となる場合には，たとえば，使用す
る道具が適法な用途にも供しうるものであることは特段の意義を有しない，と
解するのが一貫している。

　さて，このような中立的行為による幇助の可罰性に関しては，これを一定の
範囲で制限すべきであることに争いはないが，問題はその具体的な内容である。
そして，学説では一般に次のような理論的方策が提案されている。

　第1に，そもそも巷間にあふれており，それを幇助者が提供しなくてもどの

みち別の方法で簡単に正犯が同様の便益を獲得しえた場合には，はじめから幇助行為が正犯行為を**促進・容易化**したとはいえない。たとえば，いかにもスピード違反をしそうなスポーツカーにガソリンスタンドの従業員が給油をしても，その後になされた速度超過に対して幇助犯が成立しないのはこのためである。

第2に，提供された便益の社会的有用性がその悪用されるおそれというマイナスを上回っているために，提供行為が**許された危険**として正当化されることもある。本件と類似の例としてしばしばあげられるのは，たとえば，書籍の持ち出しが禁止された場所へのコピー機の設置行為である。それは場合によっては著作権法違反を促進，ひいては可能化するものではあるけれども，コピーをとれることによる研究・教育上の有用性がそのようなマイナスを上回ることによって，許された危険により正当化されるのだと説明される。学説には，本件自体がこのロジックによって可罰性を阻却すべきケースだと主張するものもあり，本判例がソフト開発の社会的有用性に言及する箇所をこのように理解することも不可能ではないであろう。

第3に，実際に正犯が幇助者の供した便益を犯罪に用いることの**故意**は，実はそれほど容易には認定しえない。というのも，通常，人は犯罪を実行しないのであり，そのような故意を認めるためには，まさにその人が犯罪を実行しようとする具体的な兆候を認識していることが必要であるが，幇助行為と正犯行為とが離隔している場合には，そのような認識をもつことはまれだからである。

本判例は無罪という原判決の判断を維持するにあたり，故意を否定するという判断を媒介しているところから，この第3の方策に依拠したものととらえがちである。しかし，現に一定数のソフト利用者が著作権法違反を犯していたことは被告人も明らかに認識するところだったのであるから，故意を否定するという解決方法にはあまり説得力がない。むしろ，本判例が「例外的とはいえない範囲の者」云々と述べているところからすれば，認識されたマイナスの量が相当程度に大きいことを要求する趣旨とも解され，そうだとすると，むしろ第2の方策に近いともいいうるのではなかろうか。

78. 共犯者間の違法の相対性

最決平成 4・6・5 刑集 46 巻 4 号 245 頁＝フィリピンパブ事件

【事実】

　被告人は，友人Ｐの居室から飲食店Ａに電話をかけて同店に勤務中の女友達と話していたところ，店長のＭから長い話はだめだといわれ一方的に電話を切られた。立腹した被告人は，再三にわたり電話をかけ直して女友達への取次ぎを求めたが，Ｍに拒否されたうえ，侮辱的な言葉を浴びせられて憤激し，殺してやるなどと激しく怒号し，Ａに押しかけようと決意して，同行を渋るＰを強く説得し，包丁を持たせて一緒にタクシーで同店に向かった。被告人はタクシー内で，自分もＭとは面識がないのに，Ｐに対し，「おれは顔が知られているから，お前，先に行ってくれ。けんかになったらお前をほうっておかない」などといい，さらに，Ｍを殺害することもやむをえないとの意思のもとに，「やられたらナイフを使え」と指示するなどして説得し，Ａ付近に到着後，Ｐを同店出入口付近に行かせ，少し離れた場所で，同店から出て来た女友達と話をしたりして待機していた。Ｐは内心では，Ｍに対し，自分から進んで暴行を加えるまでの意思はなかったものの，Ｍとは面識がないからいきなり暴力をふるわれることもないだろうなどと考え，Ａ出入口付近で被告人の指示を待っていたところ，予想外にも，同店から出て来たＭに被告人と取り違えられ，いきなりえり首をつかまれて引きずり回されたうえ，手けん等で顔面を殴打され，コンクリートの路上に転倒させられて足げりにされ，殴り返すなどしたが，頼みとする被告人の加勢も得られず再び路上に殴り倒されたため，自己の生命身体を防衛する意思でとっさに包丁を取り出し，被告人の前記指示どおり，包丁を使用してＭを殺害することになってもやむをえないと決意し，被告人との共謀のもとに包丁でＭの左胸部等を数回突き刺し，心臓刺傷および肝刺傷による急性失血により同人を死亡させて殺害した。

【決定要旨】

　「共同正犯が成立する場合における過剰防衛の成否は，共同正犯者の各人につきそれぞれその要件を満たすかどうかを検討して決めるべきであって，共同正犯者の一人について過剰防衛が成立したとしても，その結果当然に他の共同正犯者についても過剰防衛が成立することになるものではない。

　原判決の認定によると，被告人は，Mの攻撃を予期し，その機会を利用して P をして包丁で M に反撃を加えさせようとしていたもので，積極的な加害の意思で侵害に臨んだものであるから，M の P に対する暴行は，積極的な加害の意思がなかった P にとっては急迫不正の侵害であるとしても，被告人にとっては急迫性を欠くものであって（最高裁昭和51年（あ）第671号同52年7月21日第一小法廷決定・刑集31巻4号747頁参照），P について過剰防衛の成立を認め，被告人についてこれを認めなかった原判断は，正当として是認することができる」。

【解説】

　しばしば教科書類においては，「**違法は連帯し，責任は個別化する**」などと書かれている。このうち，後半部分は見やすい道理であろう。協働した他者に責任能力があるからといって，自身にも自動的に責任能力が備わるわけではなく，たとえば，重度の精神疾患により弁識能力が欠ければ責任無能力（39条1項）とされる。これに対し，前半部分については一筋縄ではいかない。すなわち，違法が連帯するというのは，たとえば，被害者の死亡結果が客観的に帰属可能である範囲においては，人を死に至らしめるという不法が共通して備わるという意味にすぎず，特別の事情があれば違法性という評価が相対化することはありうる。

　そのような特別の事情の1つ目は，自身の行為が独自に違法性阻却（正当化）事由を備えることである。たとえば，私人 Y が容疑者のアジトを警察に通報し，これを受けて，令状を携えた警察官 X が容疑者を逮捕した場合，令状逮捕＝法令行為（35条）という違法性阻却事由を備えるのは X だけである。もっとも，そうだとすると，Y の通報は容疑者の逮捕・監禁結果を間接的に引き起こしており，にもかかわらず独自の違法性阻却事由を備えていない以上，逮捕監禁罪の間接正犯，あるいは，少なくとも教唆犯（61条1項）になってしまうのであろうか。

　そこで出てくるのが2つ目の特別の事情である。すなわち，かりに自身が独自に違法性阻却事由を備えていなくても，関与した他者が独自に違法性阻却事由を備えており，自身は単に他者の適法行為を推し進めただけであるとの評価が可能である場合には，自身も他者の正当化の恩恵を受けられると考えられる

のである。

このような発想を敷衍したのが**制限従属性説**であるが，厳密に考えると，少なくとも，適法行為を利用する行為も原則として適法であるという限りにおいて，それは狭義の共犯のみならず，共同正犯（60条）ひいては間接正犯にも妥当しうるというべきであろう。他方，単に他者の適法行為を推し進めただけであるとは評価しえない，具体的には，たとえば，そもそも，保護に値する被侵害法益が何もしなければ維持されえたものの，自身がそれとより大きな法益をわざわざ衝突させることにより，前者の侵害が正当化される状況をゆえなく作り出した場合には，そのような正当化の恩恵を受けさせることは背理である。したがって，そのような場合には**適法行為を利用する違法行為**を観念しうるのであり，しかも，そのことは狭義の共犯においても同様であるから，制限従属性説は常に妥当する絶対的な原理ではないことになる。

ひるがえって本判例を見てみると，それが過剰防衛（36条2項）の前提ともなる急迫性にかかる議論を展開していることにかんがみれば，かりにPが正当防衛（36条1項）であったとしても，なおその趣旨は妥当するものと思われる。その限りで本判例は支持に値するが，同時に，被告人についても正当防衛（本件では過剰防衛）という独自の違法性阻却事由の有無のみを云々している点はやや疑問である。というのも，被告人がPに対する不正の侵害を有責に招致したことを理由として，Pの利益を保全するための正当防衛を制限・否定することは許されないからである。むしろ，前述した適法行為を利用する違法行為の観念を出発点とし，Pに成立する過剰防衛（正当防衛）の効果を被告人が援用しえないことを確認したうえ，そのことの認識を被告人の故意の内容として認定すべきであろう。そして，被告人とPの共謀成立時点はPの殺意発生時点と一致しなくてよいと考えれば，前者の時点は被告人がPを使嗾した段階までさかのぼらせてよいし，また，そのほうが認定として自然であるように思われる。

79. 共犯と錯誤

最決昭和 54・4・13 刑集 33 巻 3 号 179 頁

【事実】

　被告人Sは暴力団組長，被告人Tは同組若者頭補佐，被告人S，同Hは同組組員であるが，スタンド（経営者・被告人H）前路上において，警察署保安課巡査・Iが同店の裏口から風俗営業に関する強硬な立入り調査をしたとして，同巡査に対し，「店をつぶす気やろ」などと毒づき，さらに派出所前路上に押しかけ，途中から加わった組員ともども，同派出所に向かってI巡査の前記措置を大声でなじり，いったん引き上げたものの，気のおさまらない被告人Sが組員に召集をかけるなどした。ここに，被告人らは順次，I巡査に対して暴行ないし傷害を加える旨共謀し，前記派出所前において，被告人Sら7名がこもごもI巡査に対して挑戦的な罵声・怒声を浴びせ，これに応答したI巡査の言動に激昂した組員が，未必の殺意をもって所携のくり小刀でI巡査の下腹部を1回突き刺し，よって，同巡査を下腹部刺創に基づく右総腸骨動脈等切損により失血死させて殺害した。

【決定要旨】

　「殺人罪と傷害致死罪とは，殺意の有無という主観的な面に差異があるだけで，その余の犯罪構成要件要素はいずれも同一であるから，暴行・傷害を共謀した被告人Sら7名のうちのUが前記……派出所前でI巡査に対し未必の故意をもつて殺人罪を犯した本件において，殺意のなかつた被告人Sら6名については，殺人罪の共同正犯と傷害致死罪の共同正犯の構成要件が重なり合う限度で軽い傷害致死罪の共同正犯が成立するものと解すべきである。すなわち，Uが殺人罪を犯したということは，被告人Sら6名にとつても暴行・傷害の共謀に起因して客観的には殺人罪の共同正犯にあたる事実が実現されたことにはなるが，そうであるからといつて，被告人Sら6名には殺人罪という重い罪の共同正犯の意思はなかつたのであるから，被告人Sら6名に殺人罪の共同正犯が成立するいわれはなく，もし犯罪としては重い殺人罪の共同正犯が成立し刑のみを暴行罪ないし傷害罪の結果的加重犯である傷害致死罪の共同正犯の刑で処断するにとどめるとするならば，それは誤りといわなければならない」。

【解説】

　本件において，SらとUが協働した結果，Iを死に至らしめたことは疑いないが，Sらは暴行・傷害の故意しか有していないのに対し，Uが殺意まで有していた点に特徴がある。そして，Sらは，Uもまた殺意までは有しないものと誤信していたのであるから，「共犯と錯誤」という表題のもとにおさめることも可能である。

　かつて，**完全犯罪共同説**とよばれる考え方は，このような場合であっても殺人罪（199条）の共同正犯（60条）が成立し，ただ38条2項により，殺意まではなかったSらの刑は傷害致死罪（205条）のそれにとどめられる，とした。原判決もこれと親和的な判示を行っている。しかし，殺意のない者にまで殺人の罪責を負わせることは妥当でない（処断刑だけ下げればよいというものではない）。また，複数者間の協働は共同正犯という法形象によってとらえられるのであり，その間に同一の罪名という縛りをかける契機は存在しないであろう。

　そこで**部分的犯罪共同説**は，構成要件的に符合する範囲内で共同正犯が成立するのであり，それを超えた部分については別途単独正犯が成立する，という。しかし，「構成要件的に符合する範囲」という縛りがかかる理由もまた不明であることに加え，因果関係等が欠けることにより超過部分につき単独正犯の成立要件がみたされない場合には，処罰の間隙が生じてしまうであろう。

　こうして，特段の縛りなく共同正犯の成立を認める**行為共同説**が妥当である。本件に即していうと，SらとUとはそれぞれ傷害致死罪と殺人罪の共同正犯だ，ということになる。これに対して本判例は，SらとUとの間に傷害致死罪の共同正犯が成立しうるといっているだけで，それとは別に，Uにつき殺人罪の単独正犯が成立するのか，それとも殺人罪の共同正犯が成立するのかは不明である。その意味で，より重い故意を有するほうの罪責が問題とならない限り，最高裁がいかなる考え方を採用しているのかは確言できない。もっとも，その後，判例5が出され，最高裁は部分的犯罪共同説を採用していることが明らかにされたといえよう。

80. 身分犯の共犯——身分の意義

最判昭和 42・3・7 刑集 21 巻 2 号 417 頁

【事実】

　K 国船の船員である被告人および第 1 審相被告人 A が，法定の除外事由が
ないのに，共謀のうえ，麻薬を営利の目的で本邦に密輸入した。

【判旨】

　「麻薬取締法 64 条 1 項は，同法 12 条 1 項の規定に違反して麻薬を輸入した
者は 1 年以上の有期懲役に処する旨規定し，同法 64 条 2 項は，営利の目的で
前項の違反行為をした者は無期若しくは 3 年以上の懲役に処し，又は情状によ
り無期若しくは 3 年以上の懲役及び 500 万円以下の罰金に処する旨規定してい
る。これによつてみると，同条は，同じように同法 12 条 1 項の規定に違反し
て麻薬を輸入した者に対しても，犯人が営利の目的をもつていたか否かという
犯人の特殊な状態の差異によつて，各犯人に科すべき刑に軽重の区別をしてい
るものであつて，刑法 65 条 2 項にいう『身分ニ因リ特ニ刑ノ軽重アルトキ』
に当るものと解するのが相当である。そうすると，営利の目的をもつ者ともた
ない者とが，共同して麻薬取締法 12 条 1 項の規定に違反して麻薬を輸入した
場合には，刑法 65 条 2 項により，営利の目的をもつ者に対しては麻薬取締法
64 条 2 項の刑を，営利の目的をもたない者に対しては同条 1 項の刑を科すべ
きものといわなけれならない。

　しかるに原判決およびその是認する第 1 審判決は，共犯者である A が営利
の目的をもつているものであることを知つていただけで，みずからは営利の目
的をもつていなかつた被告人に対して，同条 2 項の罪の成立を認め，同条項の
刑を科しているのであるから，右判決には同条および刑法 65 条 2 項の解釈適
用を誤つた違法があり，右違法は判決に影響を及ぼすものであつて，これを破
棄しなければ著しく正義に反するものと認められる」。

【解説】

　65 条は，1 項において「犯人の身分によつて構成すべき犯罪行為に加功した
ときは，身分のない者であつても，共犯とする」と，2 項において「身分によ
つて特に刑の軽重があるときは，身分のない者には通常の刑を科する」と，そ
れぞれ規定している。そして判例によれば，「身分は，男女の性別，内外国人

の別，親族の関係，公務員たるの資格のような関係のみに限らず，総て一定の犯罪行為に関する犯人の人的関係である特殊の地位又は状態を指称する」（最判昭和27・9・19刑集6巻8号1083頁）という。

　このような広範な定義を採用すれば，営利の目的のような，**継続性を欠く内心の状態**であっても身分にあたると解することができよう。本判例もまさにそのような立場を採用している。むろん，これに対しては，一部の学説から，そのような解釈は身分という言葉のもつ本来的な意味から離れすぎており妥当でないとの批判がなされている。しかし，身分という差別的なニュアンスをはらみかねない表現について，法学がその本来的な意味を重視した解釈を論ずるのはあまり望ましいことではない。また後述するように，65条が一般的な刑法理論のあてはめを確認した一種の注意規定であると解する場合には，身分という概念の内容をことさらに絞る必然性は存在しないように思われる。

　つづいて本判例は，営利の目的が65条に定める身分の中でもとくに2項のそれにあたると解したうえで，Aの営利の目的を認識するだけで，みずからは同目的を有していなかった被告人には65条2項に従い，営利の目的により加重された犯罪の成立を肯定することができないという。しかし，このような解釈は，未成年者を誘拐した者の営利の目的を認識するだけで，みずからは同目的を有していなかった関与者に営利誘拐（225条）の共犯を認める帰結（そもそも65条を適用していない判例であるが，大判大正14・1・28刑集4巻14頁も参照）と齟齬しかねない。したがって，この点を整合的に解釈するためには，その存否が刑の軽重に影響する——したがって，65条の文言を一見しただけではただちに2項に分類されてしまいかねない——営利の目的の中でも，1項の原理に従い，被関与者の営利の目的を認識しさえすれば加重された犯罪の共犯が成立しうる場合と，2項の原理に従い，みずからも営利の目的を有していてはじめて加重された犯罪の共犯が成立しうる場合とを，的確に切り分ける理論的な根拠を見出さなければならない（むろん，みずから営利の目的を備えなければならないことと，同目的が他利目的を含むこととは両立しうる。最決昭和57・6・28刑集36巻5号681頁を参照）。

　そこで有力な見解は，1項に定める身分と2項に定める身分の違いを，前記のような区別を体系的に自然に説明しうる，違法と責任の区別に対応させよう

とする。すなわち，身分＝営利の目的が違法性に影響する要素である場合（こ
れを**違法身分**という）には1項に従い，身分のない関与者にも連帯的に作用す
るのに対し，責任に影響する要素である場合（これを**責任身分**という）には2
項に従い，関与者が個別にそれを備えなければならないことになる。

81. 身分犯の共犯——二重の身分犯

最判昭和 32・11・19 刑集 11 巻 12 号 3073 頁

【事実】

A村の村長および同村新制中学校建設工事委員会の工事委員長である被告人B，ならびに，同村の助役および同工事委員会副委員長である被告人Cが，同村収入役であるDと共謀のうえ，同学校建設資金として寄付され，Dが保管していた金員を横領した。

【判旨】

「Dのみが昭和24年4月10日頃より同年8月30日までの間右中学校建設委員会の委託を受け同委員会のため，昭和24年8月31日より同年12月頃までの間A村の収入役として同村のため右中学校建設資金の寄附金の受領，保管その他の会計事務に従事していたものであつて，被告人両名はかかる業務に従事していたことは認められないから，刑法65条1項により同法253条に該当する業務上横領罪の共同正犯として論ずべきものである。しかし，同法253条は横領罪の犯人が業務上物を占有する場合において，とくに重い刑を科することを規定したものであるから，業務上物の占有者たる身分のない被告人両名に対しては同法65条2項により同法252条1項の通常の横領罪の刑を科すべきものである」。

【解説】

判例は一般に，65条を字句どおり解釈したうえで，それがなければ犯罪が成立しない真正身分（構成的身分）を1項により，それがなければ犯罪の重さが変化する不真正身分（加減的身分）を2項により，それぞれ規律しようとする。もっとも，そうだとすると，他人の物の非占有者が業務上の占有者に加功したときは，端的に，2項に従って遺失物等横領罪（254条）の共犯が成立するはずである。ところが，本判例は業務者と占有者という二重の身分に着目し，【判旨】に掲げたような処理を行ったのである。

しかし，これに対しては有力な学説から次のような批判がなされている。まず，犯罪の成立と科刑を分裂させるのは妥当でない。一定の科刑がなされるからこそその犯罪だからである。さらに，被告人らを通常の横領罪（252条1項）の刑で処断することまで正当化するためには，真正身分・不真正身分という形

式的な区別を超えたより実質的な説明を付さなければならない，と。これらの批判は基本的に正当であるが，問題はそこにいう実質的な説明がどのようなものかである。

　そこで，前記有力な学説は次のように考える，すなわち，まず，占有者という身分は委託信任関係の違背という不法を基礎づけるから，同不法をともに，あるいは，間接的に引き起こした者は身分がなくても身分犯の刑に相応しい。これに対して業務者という身分は，それを備える者に対する責任非難を高めるものであるから，それを備えていない関与者は非身分犯の軽い刑にしか値しない。このように，1項と2項は犯罪の違法性と責任に対応して身分の作用を定めたものと理解しうるから，本件においては，非占有者には1項に従って通常の横領罪が成立し，業務上占有者には2項に従って業務上横領罪（253条）が成立すると解するのが適当である，と。

　このような解釈も総論においては支持しうるが，各論においてはやや問題をはらんでいる。というのも，占有者という身分が違法性に影響することは正しいとしても，業務者という身分が責任にしか影響しないというのはあまり説得的ではないからである。むしろ業務者という身分は，社会生活において類型的に委託をなかば強制されがちであることに着目し（たとえば，銀行にお金を預けずに生きることは実際上難しい），被害者の帰責性の少なさから，委託物横領行為の違法性を高める要素ととらえるほうが自然ではなかろうか。そして，このように解すると，本件の被告人らにはそもそも業務上横領罪の共同正犯が成立することになると思われる。

82. 身分犯の共犯——事後強盗の共犯

大阪高判昭和 62・7・17 判時 1253 号 141 頁

【判旨】

「原認定のように，共犯者 2 名が被告人の犯行に関与するようになったのが，窃盗が既遂に達したのちであったとしても，同人らにおいて，被告人が原判示マスコットを窃取した事実を知った上で，被告人と共謀の上，逮捕を免れる目的で被害者に暴行を加えて同人を負傷させたときは，窃盗犯人たる身分を有しない同人らについても，刑法 65 条 1 項，60 条の適用により（事後）強盗致傷罪の共同正犯が成立すると解すべきであるから（なお，この場合に，事後強盗罪を不真正身分犯と解し，身分のない共犯者に対し更に同条 2 項を適用すべきであるとの見解もあるが，事後強盗罪は，暴行罪，脅迫罪に窃盗犯人たる身分が加わって刑が加重される罪ではなく，窃盗犯人たる身分を有する者が，刑法 238 条所定の目的をもって，人の反抗を抑圧するに足りる暴行，脅迫を行うことによってはじめて成立するものであるから，真正身分犯であって，不真正身分犯と解すべきではない。従って，身分なき者に対しても，同条 2 項を適用すべきではない。），傷害罪の限度でのみしか刑法 60 条を適用しなかった原判決は，法令の解釈適用を誤ったものといわなければならない」。

【解説】

238 条（事後強盗罪）は「窃盗が，財物を得てこれを取り返されることを防ぎ，逮捕を免れ，又は罪跡を隠滅するために，暴行又は脅迫をしたときは，強盗として論ずる」と規定している。問題は，ここにいう「窃盗」が 65 条に定める身分にあたるか，あたるとして，それが 1 項と 2 項，いずれに定める身分にあたるか，である。

まず前提として，ここにいう「窃盗」は**窃盗既遂犯人**を意味している。なぜなら，暴行・脅迫により財物を奪取するのと財物を奪取してから暴行・脅迫するのとが，価値的に等しいことに着目して「強盗として論ずる」のが事後強盗罪の本質である以上，その既遂類型を定める構成要件の要素である「窃盗」もまた，現に財物の占有を取得した者でなければならない（つまり，窃盗未遂犯人では足りない）ことになるからである。それでは，238 条の想定する窃盗既遂犯人は身分にあたるのであろうか。

　このような議論が実益を有するのは，窃盗が既遂に達したのち，暴行・脅迫のみに関与した者が存在する場合である。本件もまさにそのような場合であり，本判例は65条1項を適用して，そのような者にも事後強盗（致傷）罪の共（同正）犯が成立しうるとした。もっとも，厳密に考えると，かりに「窃盗」が身分にあたるとしても，それがただちに**真正身分**であることまでは導かれない。むしろ，そのような身分がなくても少なくとも暴行・脅迫罪は成立しうることにかんがみれば，**不真正身分**と解するほうが自然であろう。そこで本判例は，身分により「刑が加重される罪ではなく……はじめて成立するものである」と理由づけるのであるが，それは典型的な論点先取の誤謬にほかならない。まさにそのようにいえる理由が問題となっているからである。

　そこで，「窃盗」が65条1項に定める身分にあたるとする学説は，それが存在することにより，暴行・脅迫が身体の安全等を侵害・危殆化するのを超えて，財物の取戻しを困難化するという新たな財産的利益の侵害・危殆化をもたらすところに根拠を求めようとする。そして，それならば2項強盗罪（236条2項）の共犯を認めれば足りるとする見解に対しては，①結果的に財物の取戻しを免れなかった場合には未遂しか成立しなくなってしまう，②窃盗が未遂にとどまった場合には暴行（208条）・脅迫罪（222条）の共犯しか成立しえなくなってしまう，などと批判するのである。

　しかし，まず②については，たとえ前記学説の前提を採用したとしても，窃盗が未遂の場合には新たな財産的利益の侵害・危殆化がないのであるから，暴行・脅迫罪の共犯しか成立しないであろう。さらに，①についても，そもそも事後強盗罪が2項強盗罪に対して既遂時期を前倒ししている根拠こそを明らかにすべきであるのに，その点を不問に付したまま既遂時期が遅くなりすぎると論難するのはフェアでないと思われる。そして，そうであるとすれば，238条にいう「窃盗」が身分にあたるとしても，それは65条2項に定める身分にすぎず，ただ，暴行・脅迫が同時に2項強盗罪を構成しうる限りにおいて，後行者には強盗罪の共犯までが成立しうることになろう。

83. 共犯関係の解消

最決平成21・6・30刑集63巻5号475頁

【事実】

　共犯者数名と住居に侵入して強盗に及ぶことを共謀した被告人が，共犯者の一部が住居に侵入したのち強盗に着手する前に，見張り役の共犯者において，住居内に侵入していた共犯者に電話で「犯行をやめた方がよい，先に帰る」などと一方的に伝えただけで，被告人において格別それ以後の犯行を防止する措置を講ずることなく，待機していた現場から前記見張り役らとともに離脱した。その後，残された共犯者らがそのまま強盗に及んだ。

【決定要旨】

　「被告人が離脱したのは強盗行為に着手する前であり，たとえ被告人も見張り役の上記電話内容を認識した上で離脱し，残された共犯者らが被告人の離脱をその後知るに至ったという事情があったとしても，当初の共謀関係が解消したということはできず，その後の共犯者らの強盗も当初の共謀に基づいて行われたものと認めるのが相当である」。

【解説】

　共犯関係の解消とは，それまで自身が犯罪の遂行に対して与えた因果的影響力を除去することにより，それ以降の犯行につき共犯としての罪責を問われないことをいう。

　かつて，このような共犯関係の解消は，実行の着手前であれば離脱意思の表明と残余者によるその了承によって認められるものの，実行の着手後であれば犯行そのものをいったんは挫折させることが必要になる，といわれていた。しかし，ここではあくまで既遂の不法に対し，自身の与えた因果的影響力を帰属不可能な程度にまで減じられたかが問題となっているのであるから，離脱時点が未遂に至る前か後かで要件そのものが変わってくるというのはおかしい。最高裁もおそらく同様の考慮から，強盗（236条1項）の着手前に被告人が離脱しようとした本件においても，傷害致死罪（205条）の実行行為が開始されたのちに被告人が離脱しようとした場合に関する先例（最決平成元・6・26刑集43巻6号567頁）とほぼ同様の判断基準を採用したのだと思われる。

　それでは，自身の与えた因果的影響力を帰属不可能な程度にまで減じるとい

うのは，具体的にはどのようなことを意味しているのであろうか。これは因果関係論と同様，究極的にはケースバイケースとしかいいようがないが，たとえば，離脱しようとする者がそもそも犯行計画を立案し，また，他の共犯者に犯行の動機を与えた首謀者であった場合には，たとえ実行の着手の前であっても，いったんは犯行計画がなかったのと同様の状態に戻すことが必要となろう。さらに，これはただちに実行の着手時期と連動するわけではないが，犯行計画が順調に進展することで，それ以前の各人の寄与が固定化し，相互に拘束し合うような関係になった場合にも，因果的影響力を除去するには相当の措置が必要になると思われる。たとえば，犯行を支持しない旨の意思を明らかにするだけでは足りず，警察に通報する旨を共犯者に告げるなどの積極的な犯行妨害が要求されよう。

　なお，以上は主として心理的因果性を念頭においたものであるが，物理的因果性についても基本的には同様である。そして，たとえば，供与された犯行に不可欠な道具が代替不可能な重要性をもっていたような場合には，それを取り戻すか，あるいは，いったん計画を白紙に戻させることにより，のちの当該道具の使用が当初の道具の供与行為に対して客観的に帰属不可能な状態に至らしめることが必要となろう。ときおり，因果性が完全には除去されていなくても，残余者による犯行が別個の犯罪と評価しうる場合には共犯関係の解消を肯定しうるといわれることがあるが，それはこのような客観的帰属可能性の消失を意味するものと理解しうる。

84. 新たな共謀

最判平成 6・12・6 刑集 48 巻 8 号 509 頁

【事実】

　被告人が中学校時代の同級生であるA，K，FおよびSとともに歩道上で雑談をするなどしていたところ，酩酊して通りかかったIが付近に駐車してあったAの乗用車のテレビ用アンテナに上着を引っかけ，これを無理に引っ張ってアンテナを曲げておきながら何ら謝罪等をしないまま通り過ぎようとした。不快に思ったAはIに対し，「ちょっと待て」などと声をかけた。Iはこれを無視して印刷会館に入り，間もなく同会館から出て来たが，被告人らが雑談をしているのを見て，険しい表情で被告人らに近づき，「おれにガンをつけたのはだれだ」などと強い口調でいったうえ，「おれだ」と答えたAに対していきなりつかみかかろうとし，Aの前にいたSの長い髪をつかみ，付近を引き回すなどの乱暴を始めた。被告人，A，KおよびF（以下，「被告人ら4名」という）はこれを制止し，Sの髪からIの手を放させようとして，こもごもIの腕，手等をつかんだり，その顔面や身体を殴る蹴るなどし，被告人もIの脇腹や肩付近を2度ほど足蹴にした。しかし，IはSの髪を放そうとせず，Aの胃の辺りを蹴ったり，ワイシャツの胸元を破いたりしたうえ，Sの髪をつかんだまま通りを横断し，向かい側にある駐車場入口の内側付近までSを引っ張って行った。被告人ら4名はその後を追いかけて行き，Iの手をSの髪から放させようとしてIを殴る蹴るなどし，被告人においてもIの背中を1回足蹴にし，Iもこれに応戦した。その後，ようやくIはSの髪から手を放したものの，近くにいた被告人ら4名に向かって「馬鹿野郎」などと悪態をつき，なおも応戦する気勢を示しながら後ずさりするようにして本件駐車場の奥の方に移動し，被告人ら4名もほぼ一団となって追って行った。

　そして，その間，本件駐車場中央付近において，Kが応戦の態度を崩さないIに手拳で殴りかかり，顔をかすった程度で終わったため再度殴りかかろうとしたが，Fがこれを制止し，本件駐車場の奥で今度はAがIに殴りかかろうとしたため，再びFが2人の間に割って入って制止した。しかし，その直後にAがIの顔面を手拳で殴打し，そのため，Iは転倒してコンクリート床に頭部を打ちつけ傷害を負うに至った。なお，IがSの髪から手を放した本件駐車場

入口の内側付近から A の段打により転倒した地点までの距離は 20 m 足らずであり，この間の移動に要した時間も短時間であり，被告人ら 4 名のうち K や F は I がいつ S の髪から手を放したかを正確には認識していなかった。

【判旨】

　「本件のように，相手方の侵害に対し，複数人が共同して防衛行為としての暴行に及び，相手方からの侵害が終了した後に，なおも一部の者が暴行を続けた場合において，後の暴行を加えていない者について正当防衛の成否を検討するに当たっては，侵害現在時と侵害終了後とに分けて考察するのが相当であり，侵害現在時における暴行が正当防衛と認められる場合には，侵害終了後の暴行については，侵害現在時における防衛行為としての暴行の共同意思から離脱したかどうかではなく，新たに共謀が成立したかどうかを検討すべきであって，共謀の成立が認められるときに初めて，侵害現在時及び侵害終了後の一連の行為を全体として考察し，防衛行為としての相当性を検討すべきである……被告人に関しては，反撃行為については正当防衛が成立し，追撃行為については新たに暴行の共謀が成立したとは認められないのであるから，反撃行為と追撃行為とを一連一体のものとして総合評価する余地はなく，被告人に関して，これらを一連一体のものと認めて，共謀による傷害罪の成立を認め，これが過剰防衛に当たるとした第 1 審判決を維持した原判決には，判決に影響を及ぼすべき重大な事実誤認があり，これを破棄しなければ著しく正義に反するものと認められる」。

【解説】

　共犯関係の解消に関する一般的な基準に照らすと，本件において，被告人が反撃行為を共同して行ったことにより与えた因果的影響力は追撃行為に対してもなお及んでいると解する余地がある。すなわち，被告人が（過剰防衛〔36 条 2 項〕による刑の任意的減免を受けうるとはいえ）傷害罪（204 条）の共同正犯（60 条）の構成要件に該当する，という結論を排除したいのであれば，残余者が余勢をかってさらに I に追撃するおそれがある以上，これを防止する実効的な措置を講じていなければならないが，被告人は何らそのような措置を講じていないのである。ところが，本判例は共犯関係の解消を論ずるのではなく新たな共謀が成立したかを検討すべきであるとし，そのうえで，新たな共謀の成立

が認められない本件においては被告人は無罪になるとしたのである。

　本判例が共犯関係の解消という議論の枠組みを嫌ったのは，おそらく，それに乗る限り被告人に傷害罪の共同正犯が成立してしまうが，それは妥当でないと考えたからであろう。しかし，共犯関係の解消が構成要件該当性のレベルの議論であり，正当防衛（36条1項）という違法性阻却事由のレベルよりも前に確定されなければならない以上，正当化事由が備わる場合だけ共犯関係の解消という議論の枠組みを使わない，などという便宜的な処理は許されない。むしろ，本件において被告人の無罪を導くためには，有力な学説がいうように共犯関係の解消を精査してこれを肯定するか，あるいは，端的に被告人に傷害罪の共同正犯の構成要件該当性を認めたうえで，なお（過剰防衛による刑の任意的減免を超えて）違法性を否定する余地を探求すべきではなかろうか。具体的には，他の共同正犯者が余勢をかって追撃行為＝過剰防衛に及ぶリスクを勘案してもなお，共同してなした反撃行為が防衛行為の相当性の範囲内に収まっていると判断されたのであれば，そのようなリスクが現実化したとしてもなお許されるという評価は維持され続ける，と解することも可能であろう。これは講学上，**許された危険**とよばれる発想とパラレルである。

85. 必要的共犯

最判昭和 43・12・24 刑集 22 巻 13 号 1625 頁

【事実】

　被告人らは自己の法律事件の示談解決を弁護士でない者に依頼し，その報酬を支払った。

【判旨】

　「弁護士法 72 条は，弁護士でない者が，報酬を得る目的で，一般の法律事件に関して法律事務を取り扱うことを禁止し，これに違反した者を，同法 77 条によつて処罰することにしているのであるが，同法は，自己の法律事件をみずから取り扱うことまで禁じているものとは解されないから，これは，当然，他人の法律事件を取り扱う場合のことを規定しているものと見るべきであり，同法 72 条の規定は，法律事件の解決を依頼する者が存在し，この者が，弁護士でない者に報酬を与える行為もしくはこれを与えることを約束する行為を当然予想しているものということができ，この他人の関与行為なくしては，同罪は成立し得ないものと解すべきである。ところが，同法は，右のように報酬を与える等の行為をした者について，これを処罰する趣旨の規定をおいていないのである。このように，ある犯罪が成立するについて当然予想され，むしろそのために欠くことができない関与行為について，これを処罰する規定がない以上，これを，関与を受けた側の可罰的な行為の教唆もしくは幇助として処罰することは，原則として，法の意図しないところと解すべきである」。

【解説】

　必要的共犯とは，実行行為が共犯的関与を前提としなければ観念しえない犯罪をいう。その中でも，本件で問題となった（**片面的**）**対向犯**は，対抗的な関与行為が実行行為の前提となっている場合をいう。すなわち，非弁護士による法律事務の受任は（弁護士法において）処罰されているところ，受任行為は委任行為という共犯的関与を前提としなければ観念しえないのである。にもかかわらず委任のほうを処罰する規定を法がもたないとき，委任行為を受任行為の共犯として処罰することが許されるのであろうか。

　本判例は，立法者の意図を汲み取ることで原則として処罰しえないという。これを**立法者意思説**とよび，学界でも有力であるが，立法者の意図をそのよう

に推論することにはやや飛躍があるようにも思われる。というのも，立法者が当然に想定される対抗的な関与行為を処罰する規定をわざわざおかなかったのは，むしろこれを共犯として処罰しうるからだと推論することも，論理的には同等の蓋然性をもって可能だからである。

　そこで，一部の学説はより実質的な根拠を提出しようとする。たとえば，非弁活動の禁止は法律事務の委任者を（いかがわしい非弁護士によって食い物にされてしまうことから）保護するためのものであって，**被害者的な立場**にある委任者を受任行為の共犯として処罰するのは本末転倒であるなどという。しかし，そのようにいうだけでは，必要的な対抗的関与行為者が被害者的地位にないときには，その可罰性につき何らかの帰結を導き出すことができない。現に，非弁活動の禁止の趣旨を三百代言の跳梁跋扈を防止するところに求めるのであれば，委任者もまた加害者的立場につくことになろう。

　そこで，さらに近時の学説は，（共犯の可罰性をもっぱら限定する正犯の不法ではなく）**共犯固有の不法**という観点を（共犯者が被害者的立場にある場合を超えて）より前面に押し出そうとする。たとえば，法律事務の委任は単発でなされる行為であるのに対し，受任のほうは反復継続してなされる性質を有しているから（これを増幅不法という），委任を受任の共犯として処罰するために共犯自身も備えなければならない増幅不法が欠ける，というのである。

86. 包括一罪と併合罪の限界

最決平成22・3・17刑集64巻2号111頁

【事実】

　街頭募金の名のもとに通行人から現金をだまし取ろうと企てた者が，約2か月間にわたり，事情を知らない多数の募金活動員を通行人の多い複数の場所に配置し，募金の趣旨を立看板で掲示させるとともに，募金箱を持たせて寄付を勧誘する発言を連呼させ，これに応じた通行人から現金をだまし取った。

【決定要旨】

　「この犯行は……個々の被害者ごとに区別して個別に欺もう行為を行うものではなく，不特定多数の通行人一般に対し，一括して，適宜の日，場所において，連日のように，同一内容の定型的な働き掛けを行って寄付を募るという態様のものであり，かつ，被告人の1個の意思，企図に基づき継続して行われた活動であったと認められる。加えて，このような街頭募金においては，これに応じる被害者は，比較的少額の現金を募金箱に投入すると，そのまま名前も告げずに立ち去ってしまうのが通例であり，募金箱に投入された現金は直ちに他の被害者が投入したものと混和して特定性を失うものであって，個々に区別して受領するものではない。以上のような本件街頭募金詐欺の特徴にかんがみると，これを一体のものと評価して包括一罪と解した原判断は是認できる。そして，その罪となるべき事実は，募金に応じた多数人を被害者とした上，被告人の行った募金の方法，その方法により募金を行った期間，場所及びこれにより得た総金額を摘示することをもってその特定に欠けるところはないというべきである」。

【解説】

　本件において詐欺罪（246条1項）の包括一罪が認められることにほぼ争いはないものと思われるが，その実質的な根拠に関してはさまざまな見解が主張されている。

　その1つ目は，本来，被害者が異なる場合には併合罪（45条前段）とするのが筋であるものの，行為者を軽く処断すべき特別の事情があるときは例外的に包括一罪とすることができる，というものである。たとえば，財産に対する罪など高度の一身専属性を欠く法益が問題になっており，かつ，被害が軽微であ

るなどといった事情がそれである。さらに，同種の態様の犯行が同一の動機に基づいて，限定的に繰り返されたことなどを指摘するものもある。

　しかし，このような見解は妥当でない。同種の寄付金詐欺が一口1万円で行われたら急に併合罪処理がなされることとなり，その結果，詐欺に遭った被害者を1人も特定できなければ詐欺罪が成立しえなくなる，などというのは到底納得のいく結論ではない。反対に，一口100円であれば個々の被害者が証拠をもって声をあげても併合罪処理がなされない，というのも根拠がないと思われる。さらに，たとえば，すでに負傷している群衆にダイナマイトを投げつけ，多数者のけがが有意に悪化したことははっきりしているものの，具体的に誰のどの傷がダイナマイトによって生じたかが分からない，という場合に傷害罪（204条）が成立しえないのも説得力が欠けよう。

　そこで，2つ目の見解は包括一罪を**併合罪の救済概念**として用いる。すなわち，本件においては，かりに個々の被害者に対する詐欺罪の成立が証明できれば併合罪になるものの，それが不可能である場合でも，少なくとも，被害額に相当する金銭が人をだますことによって入手されたものであることだけは証明しうるのであるから，全体としてひとつの詐欺罪を成立させることは許されると解するのである。

　ただし，ここで注意を要するのは，この2つ目の見解のようなとらえ方が適切であるとしても，包括一罪の性質がそれに尽きるわけではなく，一罪とする実質的な考慮にはほかにもさまざまなものがありうるということである（実際，傷害罪の包括一罪を認めた最決平成26・3・17刑集68巻3号368頁の事案においては，たとえ個々の傷害を特定して証明しえたとしても併合罪とはされないであろう）。したがって，包括一罪を論じるにあたってはその本質を云々するのではなく，むしろ，その文脈に照らして一罪とすべき実質的な考慮を明らかにすることが必要となろう。

87. 牽連犯の限界

最判平成 17・4・14 刑集 59 巻 3 号 283 頁

【事実】

　被告人が共犯者らと共謀のうえ，被害者から風俗店の登録名義貸し料名下に金品を喝取しようと企て，被害者を監禁し，その際に加えた暴行により傷害を負わせ，さらに，脅迫して現金および自動車 1 台を喝取した。

【判旨】

　「所論引用の大審院大正 15 年（れ）第 1362 号同年 10 月 14 日判決・刑集 5 巻 10 号 456 頁は，人を恐喝して財物を交付させるため不法に監禁した場合において，監禁罪と恐喝未遂罪とが刑法 54 条 1 項後段所定の牽連犯の関係にあるとしたものと解される。ところが，原判決は，被告人が共犯者らと共謀の上，被害者から風俗店の登録名義貸し料名下に金品を喝取しようと企て，被害者を監禁し，その際に被害者に対して加えた暴行により傷害を負わせ，さらに，これら監禁のための暴行等により畏怖している被害者を更に脅迫して現金及び自動車 1 台を喝取したという監禁致傷，恐喝の各罪について，これらを併合罪として処断した第 1 審判決を是認している。してみると，原判決は，これら各罪が牽連犯となるとする上記大審院判例と相反する判断をしたものといわざるを得ない。

　しかしながら，恐喝の手段として監禁が行われた場合であっても，両罪は，犯罪の通常の形態として手段又は結果の関係にあるものとは認められず，牽連犯の関係にはないと解するのが相当であるから，上記大審院判例はこれを変更し，原判決を維持すべきである」。

【解説】

　本判例は大審院の判例を変更し，監禁致傷（221 条）と恐喝（249 条 1 項）を牽連犯（54 条 1 項後段）ではなく併合罪（45 条前段）としたものである。

　そもそも，牽連犯が科刑上一罪とされる根拠は必ずしも明らかではない。しばしばいわれるのは，たとえば，窃盗のように他人の住居に侵入してこれを行うことが類型的に想定される犯罪については，住居侵入窃盗のように一罪として規定する立法政策も十分な合理性を有するところ，たまたま窃盗（235 条）と住居侵入（130 条前段）が分けて構成要件化されることになったとしても，

結局は前者の評価の中に後者の評価が入り込んでいるのだから，科刑上は窃盗だけで処断するのが相当だということである。しかし，立法者の政策的決定をそのように理解するほうが，かえって不自然な推論ともいえるのではなかろうか。すなわち，住居侵入窃盗をあえて窃盗と住居侵入に切り離した立法者の決断に照らすと，住居に侵入せずに行う窃盗と侵入して行う窃盗との間には有意な当罰性の差があり，それを処断刑に反映させようとすれば，後者に前者の法定刑だけを科する科刑上一罪（牽連犯）という処理はむしろ望ましくないとも考えられるのである。

　このように，牽連犯という処理には理論的な問題が多いことから，学説ではその廃止を主張するものも多く，本判例が判例変更までして牽連犯の範囲をさらに狭めたことも，この流れに沿って理解しうると思われる。

88. 観念的競合の限界

最大判昭和 49・5・29 刑集 28 巻 4 号 114 頁

【事実】

　被告人が酒酔いのため正常な運転ができないおそれのある状態で運転を開始し，そのまま運転を継続した過失により歩行者 A に自車を衝突させ，同人を死亡させた。

【判旨】

　「刑法 54 条 1 項前段の規定は，1 個の行為が同時に数個の犯罪構成要件に該当して数個の犯罪が競合する場合において，これを処断上の一罪として刑を科する趣旨のものであるところ，右規定にいう 1 個の行為とは，法的評価をはなれ構成要件的観点を捨象した自然的観察のもとで，行為者の動態が社会的見解上 1 個のものとの評価をうける場合をいうと解すべきである。

　ところで，本件の事例のような，酒に酔つた状態で自動車を運転中に過つて人身事故を発生させた場合についてみるに，もともと自動車を運転する行為は，その形態が，通常，時間的継続と場所的移動とを伴うものであるのに対し，その過程において人身事故を発生させる行為は，運転継続中における一時点一場所における事象であつて，前記の自然的観察からするならば，両者は，酒に酔つた状態で運転したことが事故を惹起した過失の内容をなすものかどうかにかかわりなく，社会的見解上別個のものと評価すべきであつて，これを 1 個のものとみることはできない。

　したがつて，本件における酒酔い運転の罪とその運転中に行なわれた業務上過失致死の罪とは併合罪の関係にあるものと解するのが相当であり，原判決のこの点に関する結論は正当というべきである」。

【解説】

　観念的競合とは「1 個の行為が 2 個以上の罪名に触れ」る場合をいい，「その最も重い刑により処断する」ものとされる（54 条 1 項前段）。このように，観念的競合が科刑上一罪とされる実質的な根拠は量刑事情に対する二重評価の回避である。たとえば，人だかりに火炎瓶を投げ込んで 10 名全員にけがを負わせた場合，火炎瓶という危険な手段を用いたこと，そして，それを分かって行ったことは量刑を重くする事情である。しかし，それを 10 名分全員につい

て加重的に考慮すると，本来，行為者はn量の公共的危険しか生じさせていないにもかかわらず，10 n量の公共的危険を生じさせたものとして量刑上扱われてしまう。そこで，傷害罪（204条）の一罪として処断することにより，n量の公共的危険のみを加重的に考慮しようとするのである。

　このような観念的競合の趣旨に照らすと，1個の行為であるかは規範的観点から構成要件該当行為を見てこれを判断するのではなく，あくまで量刑事情が重なり合うかという社会的事実の観点から見なければならない。本判例が提示する基準も同様の観点に帰着すると思われる。そして，酒酔い運転罪が全運転継続期間を量刑評価の対象とするのに対し，業務上過失致死罪（現・過失運転致死罪）は特定の時点における過誤と死亡結果の惹起をそうするにすぎないのであるから，そこに重要な量刑事情の重なり合いはなく，1個の行為ではない，それゆえ，併合罪（45条前段）とする本判例の立場が支持されることになろう。

89. 不作為犯の罪数

最大判昭和51・9・22刑集30巻8号1640頁

【事実】

　自動車運転を業とする被告人が普通自動車を制限時速を超えて酒酔い運転中，前方不注意により進路を変えるために急制動を講じて後部を横ぶれさせたため，左側対面から歩行してきた被害者を助手席扉に激突させ，被害者が受傷したにもかかわらず，被告人は警察に届けることなく逃走し，翌日，被害者が死亡した。

【判旨】

　「刑法54条1項前段にいう1個の行為とは，法的評価をはなれ構成要件的観点を捨象した自然的観察のもとで行為者の動態が社会的見解上1個のものと評価される場合をいい（当裁判所昭和47年（あ）第1896号同49年5月29日大法廷判決・刑集28巻4号114頁参照），不作為もここにいう動態に含まれる。

　いま，道路交通法72条1項前段，後段の義務及びこれらの義務に違反する不作為についてみると，右の2つの義務は，いずれも交通事故の際『直ちに』履行されるべきものとされており，運転者等が右2つの義務に違反して逃げ去るなどした場合は，社会生活上，しばしば，ひき逃げというひとつの社会的出来事として認められている。前記大法廷判決のいわゆる自然的観察，社会的見解のもとでは，このような場合において右各義務違反の不作為を別個の行為であるとすることは，格別の事情がないかぎり，是認しがたい見方であるというべきである。

　したがつて，車両等の運転者等が，1個の交通事故から生じた道路交通法72条1項前段，後段の各義務を負う場合，これをいずれも履行する意思がなく，事故現場から立ち去るなどしたときは，他に特段の事情がないかぎり，右各義務違反の不作為は社会的見解上1個の動態と評価すべきものであり，右各義務違反の罪は刑法54条1項前段の観念的競合の関係にあるものと解するのが，相当である」。

【解説】

　かつて，判例はひき逃げにおける救護義務違反と報告義務違反を併合罪（45条前段）としていたが（最大判昭和38・4・17刑集17巻3号229頁），本判例は

これを変更し，**観念的競合**（54条1項前段）としたものである。

　たしかに，被告人が被害者の救護も警察への通報もすることなく逃走したという裸の事実だけを見れば，これは1個の行為と評価することも可能であるかもしれない。しかし，観念的競合が科刑上一罪とされる実質的な根拠にかんがみれば，このようなとらえ方は必ずしも正しくない。まず自然的観察からすれば，被告人は「走る」という単一の行動しかとっていないかにも見えるが，これを「期待された行動をしない」という裏側から見てみると，被告人は「被害者を助けない」という行動と「警察に電話しない」という行動の2つをとっているともいえる。そして，量刑事情の**二重評価**を避けるという考慮を前面に押し出すのであれば，後者のような評価を前提として，観念的競合とはしない（併合罪とする）ほうが妥当であろう。というのも，たとえば，悪質な動機から犯行決意を抱いたという刑を加重する心理プロセスは，救護しないという決意と報告しないという決意の2度にわたって認めることができるからである。

　このように，判例が示す行為の1個性判断にかかる基準は多くのケースにおいて量刑事情の二重評価を回避すべき場合にかかる基準と重なり合っているが，本件のように**不作為犯の罪数**が問題となるところでは齟齬を来すこともあるのである。

90. かすがい現象

最決昭和29・5・27刑集8巻5号741頁

【事実】

被告人は離婚した妻Aの住居に侵入し，鉈でA，BおよびCら3名を斬り
つけて死亡させた。

【決定要旨】

「所論3個の殺人の所為は所論1個の住居侵入の所為とそれぞれ牽連犯の関
係にあり刑法54条1項後段，10条を適用し一罪としてその最も重き罪の刑に
従い処断すべきであ」る。

【解説】

鎹（かすがい）とは，建材の合せ目をつなぎとめるために打ち込む両端の曲
がった大釘のことである。そして，罪数論にいうかすがい現象とは，本来併合
罪（45条前段）とされるべき数罪が，それぞれある罪と科刑上一罪ないし包括
一罪の関係に立つ場合に，全体が一罪とされてしまうことを意味する。そして，
本判例もこれを認めたものである。すなわち，本来併合罪とされるべき3つの
殺人罪（199条）が，それぞれ住居侵入罪（130条前段）と牽連犯（54条1項後
段）の関係に立つことによって，殺人罪一罪の刑で処断されるというのである。

もっとも，このような現象は明らかに不合理である。なぜなら，住居に侵入
することなく殺人を犯せば併合罪として刑が加重されるにもかかわらず，侵入
してこれを行えば加重されないことになってしまうからである。これは許され
ない当罰性評価の逆転といえよう。

むろん，このような現象は何らのメリットもなく認められているわけではな
い。たとえば，①3つの牽連犯を認めると住居侵入罪を三重に評価することに
なってしまうが，これを避けられること，②前記三重評価を避けるために1つ
の殺人罪とのみ牽連犯を認めようとすれば，今度はいずれの被害者に対する殺
人罪とそうすべきかを恣意的にしか決められなくなってしまうが，これを避け
られること，などがメリットとして掲げられている。しかし，住居侵入罪の三
重評価が不当であるのはそのとおりだとしても，たとえば，最初に犯された殺
人罪との間でだけ牽連犯とする処理をただちに恣意的と断ずることはできない
であろう。また，かすがいとなる罪の法定刑がそれによってつなぎとめられる

罪の併合罪加重された処断刑より軽い——それゆえ，かすがい現象の不都合が際立つ——場合には，検察官がそのかすがいとなる罪を起訴しないことで問題を回避するという対処も（やや便宜的ではあるが）不可能ではないと思われる。

91. 共犯と罪数

最決昭和 57・2・17 刑集 36 巻 2 号 206 頁

【事実】

　被告人は，正犯らが 2 回にわたり覚醒剤を密輸入し，2 個の覚せい剤取締法違反の罪を犯した際，覚醒剤の仕入資金にあてられることを知りながら，正犯の 1 人から渡された現金等を銀行保証小切手に換えて同人に交付し，もって正犯らの各犯行を幇助した。

【決定要旨】

　「幇助罪は正犯の犯行を幇助することによつて成立するものであるから，成立すべき幇助罪の個数については，正犯の罪のそれに従つて決定されるものと解するのが相当である……たとえ被告人の幇助行為が 1 個であつても，2 個の覚せい剤取締法違反幇助の罪が成立すると解すべきである……幇助罪が数個成立する場合において，それらが刑法 54 条 1 項にいう 1 個の行為によるものであるか否かについては，幇助犯における行為は幇助犯のした幇助行為そのものにほかならないと解するのが相当であるから，幇助行為それ自体についてこれをみるべきである。本件に……おいては，被告人の幇助行為は 1 個と認められるから，たとえ正犯の罪が併合罪の関係にあつても，被告人の 2 個の覚せい剤取締法違反幇助の罪は観念的競合の関係にあると解すべきである」。

【解説】

　狭義の共犯は正犯を介して間接的に不法を実現するものであるから，正犯が複数の罪を犯し，それを共犯が間接的に惹起したものと評価しうる以上，共犯の罪も同じ数だけ成立するはずである。この点で，本判例の前提は正しいと思われる。さらに，たとえそうであるとしても，共犯もまたあくまで自身の加功行為を根拠として処罰されるのであるから，観念的競合（54 条 1 項前段）にいう行為の 1 個性も，正犯行為ではなくあくまで共犯行為を標準としてこれを決すべきであろう。そして，この点に関しても本判例の結論は支持しうる。

　もっとも，問題は，判例が共同正犯（60 条）の場合においてはこれと異なって解し，たとえ自身の関与行為が単一であったとしても，他の共同正犯者が併合罪（45 条前段）を犯している以上，同様に処断されるかの口吻を漏らしていることである（最決昭和 53・2・16 刑集 32 巻 1 号 47 頁を参照）。そして，その根

拠は一般に，共同正犯においてはすべての者がすべての犯行を単独で行ったかのように扱われるべきだ，という点に求められている。

　たしかに，共同正犯は，関与者が全体として基本的構成要件をみたしてさえいれば，各関与者に当該基本的構成要件に該当する行為と同一の法効果を与える立法技術である。しかし，たとえそうであるとしても，観念的競合が科刑上一罪とされる趣旨，すなわち，量刑事情に対する二重評価の回避という発想にかんがみるならば，やはり，たとえば，共謀共同正犯者が一度だけ謀議に参加し，それに基づいて別の機会に実行共同正犯者が複数の罪を犯したという場合には，少なくとも共謀共同正犯者のほうは行為を1個と評価して観念的競合とすべきように思われる。

　このように，狭義の共犯においても共同正犯においても自身の行為を標準として行為の1個性を判断する立場に対しては，処断刑が軽くなりすぎるとか，一事不再理効の範囲が広くなりすぎるなどといった批判がなされている。しかし，厳密に観察すると，たとえば，A殺害の謀議とB殺害の謀議が同一日時，場所において行われているとしても，ふつうは時間を分けて別の話題として扱われているのであり，前記立場を採用したからといって，行為が1個と評価される範囲が拡張しすぎるという懸念はあたらないように思われる。

事 項 索 引

ア　行

新たな共謀　206
安全体制確立義務違反　107
安楽死　35

意思の連絡　184
意思を抑圧　156
一故意犯説　82
一連の殺人行為　134
一体性　179
一体的把握　74
一般的〔生活〕危険　24
意的要素　79
意図　79
違法減少説　59
違法・責任減少説　59
違法ないし責任減少説　59
違法は連帯　192
違法身分　198
意味の認識　78
医療観察法　67
因果関係の基本的部分　97
因果関係の予見可能性　97
因果的共犯論　187

カ　行

確知　79
確定的故意　79
加減的身分　199
過失運転致死傷罪　117
過失が推定　5
過失の共同正犯　172
過失不真正不作為犯　15
加重結果　91
過剰避難　61
過剰防衛　50，53
かすがい現象　218

過度に広汎　4
可罰的違法性論　29
患者の自己決定　38
患者の自己決定権論　38
完全犯罪共同説　195
監督過失　107
観念的競合　82，214，217
管理過失　107

危害を加える虞　116
危惧感説　93
危険性　124
危険増加理論　187
危険の現実化　7，15，21，
　23
危険の創出　10
危険の引受け　26，114
危険防止業務　116
危険を増加　100
既遂到達防止に向けた積極
　的な作為　148
規制原理　119
期待可能性　118
期待不可能性　118
危難の現在性　61
規範的故意概念　80
基本犯　91
客体の錯誤　81
客体の不能　141
客観説　120
客観的危険説　140
客観的相当因果関係説　20，
　92
救急車事故事例　24
吸収　28
救助の因果の断絶　8
急迫性　43，45

共同意思主体説　184
共同性　185
共同正犯　220
共同正犯性　151
共同の注意義務に共同して
　違反　172
共犯関係の解消　203，206
共犯行為　220
共犯固有の不法　209
共謀共同正犯　158
業務　116
極端従属形式　156
挙動による欺罔　13
緊急避難　34，52

具体的危険説　139
具体的法定符合説　82
黒幕　159

形式的客観説　121
刑事制裁　3
刑事政策説　145
刑事未成年　156
継続性　197
刑罰目的説　145
結果　8
結果回避可能性　7，15，17，
　108，186
結果回避義務　15
結果回避措置　93
結果行為説　73
結果的加重犯　20，91，120
結合犯　176
原因行為説　73
原因において違法な行為の
　理論　64
原因において自由な行為

73, 75
厳格責任説 56
現実的危険性 137
限定責任能力 67
牽連犯 212

故意 190
故意の構成要件関連性 77
行為意思 79
行為共同説 195
攻撃的防衛 48
攻撃の意思 49
構成的身分 199
構成要件的故意 56
構成要件的符合説 85
誤想防衛 56
合理的な理由 145
告知義務 12
個人責任の原則 176, 179
誤想過剰防衛 58
混合的方法 67
困難化 182

サ　行
罪刑法定主義 1, 3
最小限度性 52
裁判員 70
詐欺罪の承継的共同正犯 178
作為 48
作為義務 9, 15
作為と不作為の区別 107
作為容易性 119, 181

自救行為 34
事業主処罰 5
事後強盗罪 201
自己の犯罪 165
爾後の不作為 148
事実の錯誤 87
自招危難 63
実行共同正犯 158

失効原理 100
実行行為概念の絶対性 174
実行未遂 148
実質的客観説 121
実体的デュープロセス 3
質的過剰防衛 53
自動車の運転 117
社会契約説 33
社会生活上の地位 116
社会的相当性 115
重過失 116
修正された客観的危険説 140
集団心理 184
終了未遂 148
主観説 120
消極的構成要件要素の理論 56
消極的条件 182
承継的共犯 175
条件関係 7
処分 67
自力救済の禁止 33
自律 40
侵害の予期 43, 49
真摯な努力 150
心情要素 79
真正身分 199, 202
身体傷害の重大性 41
信頼の原則 18, 94, 99, 108
心理学的要素 67
心理的因果性 186
心理的責任論 118

推断的欺罔 13
数故意犯説 82

制御無能力 67
制限従属形式 156
制限従属性説 193
制裁 3, 67, 87

精神鑑定 69
精神の障害 67
正当行為 31
正当防衛 34, 42
正当防衛の趣旨 45
正犯 182
正犯性 10, 109, 154
生物学的要素 67
責任減少説 59
責任故意 56
責任主義 20, 67, 92, 94, 95
責任説 89
責任能力 67
責任の前提 118
責任は個別化 192
責任身分 198
責務違反 76
積極的安楽死 35
積極的加害意思 43, 45, 49
絶対的軽微 29
折衷的相当因果関係説 20, 92
窃盗既遂犯人 201
選任・監督 5

相対的軽微 29
相当因果関係 7
相当因果関係説の危機 22
相当の理由 87, 90
増幅不法 209
促進 186, 190
尊厳死 37
存在知識 92

タ　行
対抗行為の態様 46
退避可能性 48
他者の犯罪 165
多重防御 100
ただ乗り 30

蓄積犯　30
知的要素　79
着手未遂　148
注意義務　15
中止減免　144
中止行為と既遂到達防止と
　の間の因果関係　150
中止行為の内容　148
抽象的危険説　139
抽象的事実の錯誤　84
抽象的符合説　84
抽象的法定符合説　20, 57,
　82, 96
中立的行為による幇助　189
超法規的に責任が阻却　90
直接　125
直接性説　91
直接的安楽死　35
治療義務の限界論　38
治療中止　37
治療適応性　67

適法行為を利用する違法行
　為　193
出向き型　48

同意　114
同一視主体　5
統一的正犯概念　109
同時傷害の特例　176

ナ　行
名古屋高裁の6要件　35

二重評価　28, 214, 217
202条　115
任意性　145
認識ある過失　79

ハ　行
排他的支配　10
早すぎた構成要件の実現
　133
バリアフリー　20
犯行計画　128
反省や悔悟の情　145
反対解釈　84
判断基準　92
判断基底　21, 22, 92
反覆継続　116
判例変更　70, 90

被害者的な立場　209
被害者の同意　26, 40
被害者領域　137
非強壮性情動　49
必要性　52
必要的共犯　208

付加的共同正犯　163
武器対等原則　52
不作為　7, 48
不作為犯　9
不作為犯の罪数　217
不真正　9
不真正不作為犯　7
不真正身分　199, 202
不正の侵害に先行する事情
　46
不正の先行行為型　48
物色　125
物理的因果性　186
不能犯　139
不能犯論　178
部分的犯罪共同説　10, 195
フリーライド　30
分断説　54
文理解釈　1

併合罪　28, 212, 216
併合罪の救済概念　211
弁識無能力　67
片面的共犯　184
片面的対向犯　208

防衛行為の一体性　50
防衛行為の相当性　52
防衛の意思　43, 49
包括一罪　210
包括的な構成要件　85
防御的防衛　46, 48
幇助犯　182
法人処罰　5
法則知識　92
法と道徳の峻別　32
法と道徳を混交　4
方法の錯誤　57, 81, 96
方法の不能　139
法律の錯誤　87
補充性　61
保障人　9
保障人説　9
保障人的地位　10, 181
没収　85
本来的な帰責　76

マ　行
待受け型　48

未終了未遂　148
密接　125
未必の故意　79

明確性の原則　3
免許制度　117

目的犯　152
目的論的解釈　1

ヤ　行
役割の重要性　166

誘発　25
許された危険　94, 100,
　104, 190, 207

容易化　186, 190

予見可能　95
予見可能性　91, 93, 108
予見可能性の程度　104
予備罪　152
予備罪の共犯　174

ラ　行

ライフスタイルの選択　38

立法者意思説　208
量的過剰防衛　50, 53
両罰規定　5

類推解釈　1

例外的な帰責　76

判 例 索 引

大 審 院

大判大正 7・11・16 刑録 24 輯 1352 頁 =
　毒砂糖事件 …………………………… 136
大判大正 13・12・12 刑集 3 巻 867 頁 … 63
大判大正 14・1・28 刑集 4 巻 14 頁 ……197
大判大正 14・6・9 刑集 4 巻 378 頁 = たぬ
　き・むじな事件 ……………………… 88
大判昭和 6・12・3 刑集 10 巻 682 号 …… 66
大判昭和 12・6・25 刑集 16 巻 998 頁 … 150

最高裁判所

最判昭和 23・3・16 刑集 2 巻 3 号 227 頁
　………………………………………… 79
最大判昭和 26・1・17 刑集 5 巻 1 号 20 頁
　………………………………………… 75
最判昭和 26・8・17 刑集 5 巻 9 号 1789 頁
　= 無鑑札犬事件 ……………………… 88
最判昭和 27・9・19 刑集 6 巻 8 号 1083 頁
　………………………………………… 197
最大判昭和 29・1・20 刑集 8 巻 1 号 41 頁
　………………………………………… 152
最決昭和 29・5・27 刑集 8 巻 5 号 741 頁
　………………………………………… 218
最判昭和 30・11・11 刑集 9 巻 12 号 2438
　頁 …………………………………… 33
最判昭和 32・2・26 刑集 11 巻 2 号 906 頁
　………………………………………… 91
最判昭和 32・11・19 刑集 11 巻 12 号 3073
　頁 …………………………………… 199
最判昭和 33・4・18 刑集 12 巻 6 号 1090
　頁 …………………………………… 116
最大判昭和 33・5・28 刑集 12 巻 8 号 1718
　頁 = 練馬事件 ……………………… 158

最判昭和 33・7・10 刑集 12 巻 11 号 2471
　頁 …………………………………… 118
最判昭和 35・2・4 刑集 14 巻 1 号 61 頁 =
　堰根橋事件（差戻上告審判決）…… 61
最判昭和 37・3・23 刑集 16 巻 3 号 305 頁
　= 空気注射事件 ……………………… 139
最決昭和 37・11・8 刑集 16 巻 11 号 1522
　頁 …………………………………… 174
最大判昭和 38・4・17 刑集 17 巻 3 号 229
　頁 …………………………………… 216
最決昭和 40・3・9 刑集 19 巻 2 号 69 頁
　………………………………………… 120
最判昭和 40・3・26 刑集 19 巻 2 号 83 頁
　…………………………………………… 5
最決昭和 41・7・7 刑集 20 巻 6 号 554 頁
　………………………………………… 58
最判昭和 42・3・7 刑集 21 巻 2 号 417 頁
　………………………………………… 196
最判昭和 42・10・13 刑集 21 巻 8 号 1097
　頁 …………………………………… 99
最決昭和 42・10・24 刑集 21 巻 8 号 1116
　頁 = 米兵ひき逃げ事件 …………… 23
最判昭和 43・12・24 刑集 22 巻 13 号 1625
　頁 …………………………………… 208
最判昭和 44・12・4 刑集 23 巻 12 号 1573
　頁 …………………………………… 51
最決昭和 45・7・28 刑集 24 巻 7 号 585 頁
　………………………………………… 127
最判昭和 46・6・17 刑集 25 巻 4 号 567 頁
　= 布団蒸し事件 ……………………… 19
最判昭和 46・11・16 刑集 25 巻 8 号 996
　頁 …………………………………… 43

最判昭和 48・5・22 刑集 27 巻 5 号 1077
　　頁 ……………………………… 18，100
最大判昭和 49・5・29 刑集 28 巻 4 号 114
　　頁 ……………………………………… 214
最大判昭和 50・9・10 刑集 29 巻 8 号 489
　　頁＝徳島市公安条例事件 …………… 4
最判昭和 50・11・28 刑集 29 巻 10 号 983
　　頁 ……………………………………… 49
最大判昭和 51・9・22 刑集 30 巻 8 号 1640
　　頁 ……………………………………… 216
最決昭和 52・7・21 刑集 31 巻 4 号 747 頁
　　＝内ゲバ事件 ………………………… 42
最決昭和 53・2・16 刑集 32 巻 1 号 47 頁
　　………………………………………… 220
最決昭和 53・3・22 刑集 32 巻 2 号 381 頁
　　＝熊撃ち事件 ………………………… 27
最判昭和 53・3・24 刑集 32 巻 2 号 408 頁
　　………………………………………… 65
最決昭和 53・5・31 刑集 32 巻 3 号 457 頁
　　＝外務省秘密漏えい事件 …………… 31
最判昭和 53・6・29 刑集 32 巻 4 号 967 頁
　　＝羽田空港ロビーデモ事件 ………… 90
最判昭和 53・7・28 刑集 32 巻 5 号 1068
　　頁＝びょう打銃事件 ………………… 81
最決昭和 54・3・27 刑集 33 巻 2 号 140 頁
　　………………………………………… 85
最決昭和 54・4・13 刑集 33 巻 3 号 179 頁
　　………………………………………… 194
最決昭和 55・4・18 刑集 34 巻 3 号 149 頁
　　＝坂東三津五郎ふぐ中毒死事件 … 114
最決昭和 55・11・13 刑集 34 巻 6 号 396
　　頁 ……………………………………… 40
最決昭和 57・2・17 刑集 36 巻 2 号 206 頁
　　………………………………………… 220
最決昭和 57・6・28 刑集 36 巻 5 号 681 頁
　　………………………………………… 197
最決昭和 57・7・16 刑集 36 巻 6 号 695 頁
　　………………………………………… 165

最決昭和 58・9・21 刑集 37 巻 7 号 1070
　　頁 ……………………………………… 156
最決昭和 60・10・21 刑集 39 巻 6 号 362
　　頁 ……………………………………… 116
最大判昭和 60・10・23 刑集 39 巻 6 号 413
　　頁＝福岡県青少年保護育成条例事件
　　………………………………………… 3
最決昭和 61・6・9 刑集 40 巻 4 号 269 頁
　　………………………………………… 84
最決昭和 61・6・24 刑集 40 巻 4 号 292 頁
　　＝マジックホン事件 ………………… 29
最決昭和 62・3・26 刑集 41 巻 2 号 182 頁
　　＝勘違い騎士道事件 ………………… 58
最決昭和 62・7・16 刑集 41 巻 5 号 237 頁
　　＝百円札模造事件 …………………… 89
最決平成元・3・14 刑集 43 巻 3 号 262 頁
　　＝荷台事件 …………………………… 95
最決平成元・6・26 刑集 43 巻 6 号 567 頁
　　………………………………………… 203
最判平成元・7・18 刑集 43 巻 7 号 752 頁
　　………………………………………… 86
最判平成元・11・13 刑集 43 巻 10 号 823
　　頁＝菜切包丁事件 …………………… 51
最決平成元・12・15 刑集 43 巻 13 号 879
　　頁 ……………………………………… 7
最決平成 2・2・9 判時 1341 号 157 頁 … 77
最決平成 2・11・20 刑集 44 巻 8 号 837 頁
　　＝大阪南港事件 ……………………… 22
最決平成 4・6・5 刑集 46 巻 4 号 245 頁＝
　　フィリピンパブ事件 ………………… 191
最決平成 5・11・25 刑集 47 巻 9 号 242 頁
　　＝ホテルニュージャパン事件 ……… 106
最判平成 6・12・6 刑集 48 巻 8 号 509 頁
　　………………………………………… 205
最判平成 8・2・8 刑集 50 巻 2 号 221 頁 … 1
最決平成 12・12・20 刑集 54 巻 9 号 1095
　　頁＝生駒トンネル事件 ……………… 97

最決平成 13・10・25 刑集 55 巻 6 号 519
　　頁 ……………………………… 157

最判平成 15・1・24 判時 1806 号 157 頁
　　…………………………………… 16

最決平成 15・3・12 刑集 57 巻 3 号 322 頁
　　＝誤振込事件 ………………… 11

最決平成 15・5・1 刑集 57 巻 5 号 507 頁
　　＝スワット事件 …………… 160

最決平成 15・7・16 刑集 57 巻 7 号 950 頁
　　＝高速道路進入事件 ………… 25

最決平成 16・1・20 刑集 58 巻 1 号 1 頁
　　………………………………… 154

最決平成 16・3・22 刑集 58 巻 3 号 187 頁
　　＝クロロホルム事件 ……… 133

最判平成 17・4・14 刑集 59 巻 3 号 283 頁
　　………………………………… 212

最決平成 17・7・4 刑集 59 巻 6 号 403 頁
　　＝シャクティパット事件 …… 9

最決平成 18・3・27 刑集 60 巻 3 号 382 頁
　　＝トランクルーム事件 ……… 24

最決平成 19・11・14 刑集 61 巻 8 号 757
　　頁 ……………………………… 161

最判平成 20・4・25 刑集 62 巻 5 号 1559
　　頁 ………………………………… 70

最決平成 20・5・20 刑集 62 巻 6 号 1786
　　頁＝ラリアット事件 ………… 47

最決平成 20・6・25 刑集 62 巻 6 号 1859
　　頁 ………………………………… 53

最決平成 21・2・24 刑集 63 巻 2 号 1 頁
　　………………………………… 54

最決平成 21・6・30 刑集 63 巻 5 号 475 頁
　　………………………………… 203

最判平成 21・7・16 刑集 63 巻 6 号 711 頁
　　………………………………… 52

最決平成 21・10・19 判タ 1311 号 82 頁
　　………………………………… 161

最決平成 21・12・7 刑集 63 巻 11 号 1899
　　頁＝川崎協同病院事件 ……… 37

最決平成 21・12・8 刑集 63 巻 11 号 2829
　　頁 ………………………………… 69

最判平成 22・3・17 刑集 64 巻 2 号 111 頁
　　………………………………… 210

最決平成 23・12・19 刑集 65 巻 9 号 1380
　　頁＝ Winny 事件 …………… 188

最決平成 24・2・8 刑集 66 巻 4 号 200 頁
　　＝三菱リコール隠し事件 …… 15

最決平成 24・11・6 刑集 66 巻 11 号 1281
　　頁 ……………………………… 175

最決平成 26・3・17 刑集 68 巻 3 号 368 頁
　　………………………………… 211

最判平成 26・3・20 刑集 68 巻 3 号 499 頁
　　…………………………………… 8

最決平成 28・5・25 刑集 70 巻 5 号 117 頁
　　＝温泉施設爆発事故事件 …… 14

最決平成 28・7・12 刑集 70 巻 6 号 411 頁
　　＝明石歩道橋事件 ………… 170

最決平成 29・4・26 刑集 71 巻 4 号 275 頁
　　………………………………… 44

最決平成 29・6・12 刑集 71 巻 5 号 315 頁
　　＝福知山線脱線転覆事故事件 ……… 110

最決平成 29・12・11 刑集 71 巻 10 号 535
　　頁 ……………………………… 178

最判平成 30・3・22 刑集 72 巻 1 号 82 頁
　　………………………………… 130

最決平成 30・10・23 刑集 72 巻 5 号 471
　　頁 ……………………………… 162

最決令和 2・9・30 刑集 74 巻 6 号 669 頁
　　………………………………… 176

最決令和 4・2・14 裁判所ウェブサイト
　　………………………………… 123

高等裁判所

東京高判昭和 27・12・26 高刑集 5 巻 13
　　号 2645 頁 ……………………… 90

札幌高函館支判昭和 28・11・10 刑集 2456
　　頁 ………………………………… 33

広島高判昭和 36・7・10 高刑集 14 巻 5 号
　310 頁＝死体殺人事件 ……………141
名古屋高判昭和 37・12・22 高刑集 15 巻 9
　号 674 頁 ………………………………35
東京高判昭和 44・9・17 高刑集 22 巻 4 号
　595 頁 …………………………………90
大阪高判昭和 44・10・17 判タ 244 号 290
　頁 ………………………………………151
札幌高判昭和 51・3・18 高刑集 29 巻 1 号
　78 頁＝北大電気メス事件 …………93
東京高判昭和 55・9・26 高刑集 33 巻 5 号
　359 頁 …………………………………90
福岡高判昭和 61・3・6 高刑集 39 巻 1 号 1
　頁 ………………………………………144
大阪高判昭和 62・7・10 高刑集 40 巻 3 号
　720 頁 …………………………………175
東京高判昭和 62・7・16 判時 1247 号 140
　頁＝牛刀事件 …………………………147
大阪高判昭和 62・7・17 判時 1253 号 141
　頁 ………………………………………201
東京高判平成 2・2・21 判タ 733 号 232 頁
　……………………………………………186
大阪高判平成 7・11・9 高刑集 48 巻 3 号
　177 頁 …………………………………156
大阪高判平成 10・3・25 刑集 1206 頁 …97
札幌高判平成 12・3・16 判時 1711 号 170
　頁 ………………………………………180
東京高判平成 13・4・9 高刑速 3132 号 50
　頁 ………………………………………150

大阪高判平成 14・9・4 判タ 1114 号 293
　頁 ………………………………………56
福岡高宮崎支判平成 14・12・19 判タ 1185
　号 338 頁 ………………………………8
大阪高判平成 21・1・20 判タ 1300 号 302
　頁 ………………………………………90
高松高判平成 23・11・15 刑集 1324 頁
　……………………………………………175

地方裁判所
福岡地判昭和 59・8・30 判時 1152 号 182
　頁 ………………………………………167
東京地判昭和 63・7・27 判時 1300 号 153
　頁 ………………………………………183
東京地判平成 3・12・19 判タ 795 号 269
　頁 ………………………………………78
長崎地判平成 4・1・14 判時 1415 号 142
　頁 ………………………………………72
横浜地判平成 7・3・28 判時 1530 号 28 頁
　＝東海大安楽死事件 …………………35
大阪地判平成 7・10・6 刑集 1125 頁 ……97
千葉地判平成 7・12・13 判時 1565 号 144
　頁＝ダートトライアル事件 …………112
東京地判平成 13・3・28 判時 1763 号 17
　頁＝薬害エイズ事件帝京大ルート
　……………………………………………102

著 者 紹 介

こ ば やし　　けん た ろう
小 林　　憲太郎

1974 年　大阪生まれ
1997 年　東京大学法学部卒業
現　　在　立教大学教授

主 要 著 書

『因果関係と客観的帰属』（単著，弘文堂，2003）

『刑法的帰責——フィナリスムス・客観的帰属論・結果無価値論』（単著，弘文堂，
　　2007）

『刑法総論〔第 2 版〕』（共著，有斐閣，2012）

『刑法各論〔第 2 版〕』（共著，有斐閣，2013）

『事例から刑法を考える〔第 3 版〕』（共著，有斐閣，2014）

『ライブ講義刑法入門』（単著，新世社，2016）

『刑法総論の理論と実務』（単著，判例時報社，2018）

『刑法総論〔第 2 版〕』（単著，新世社，2020）

『刑法各論の理論と実務』（単著，判例時報社，2021）

ライブラリ 現代の法律学＝JA13

重要判例集 刑法総論 第2版

2015 年 6 月 10 日 ⓒ	初 版 発 行
2022 年 7 月 10 日 ⓒ	第 2 版 発 行
2024 年 2 月 25 日	第 2 版第 2 刷発行

著 者	小林憲太郎	発行者	森平敏孝
		印刷者	中澤　眞
		製本者	小西惠介

【発行】　　　　　　　株式会社 新世社
〒151-0051　　東京都渋谷区千駄ヶ谷 1 丁目 3 番 25 号
編集 ☎ (03) 5474-8818（代）　　　サイエンスビル

【発売】　　　　　　　株式会社 サイエンス社
〒151-0051　　東京都渋谷区千駄ヶ谷 1 丁目 3 番 25 号
営業 ☎ (03) 5474-8500（代）　　　振替 00170-7-2387
FAX ☎ (03) 5474-8900

組版　ケイ・アイ・エス
印刷　㈱シナノ　　　　　　製本　ブックアート
《検印省略》

ISBN978-4-88384-352-7

PRINTED IN JAPAN

サイエンス社・新世社のホームページのご案内
https://www.saiensu.co.jp
ご意見・ご要望は
shin@saiensu.co.jp　まで.